베이징에 온 서양인,
조선과 마주치다

동북아역사재단
교양총서 29

베이징에 온 서양인, 조선과 마주치다

손성욱 지음

동북아역사재단
NORTHEAST ASIAN HISTORY FOUNDATION

| 간행사 |

 우리나라를 둘러싼 동북아 지역의 역사 갈등은 여전히 한창이고, 점점 심화되고 있습니다. 우리 동북아역사재단은 2006년에 동북아 지역의 역사 갈등을 미래 지향적으로 해결하고, 나아가 역내 평화체제를 구축하려는 목적으로 출범하였습니다. 이때는 항상 제기되고 있던 일본의 역사 왜곡에 더하여 고구려, 발해 역사를 둘러싸고 중국과 역사 분쟁이 일어났습니다.

 한국과 일본 사이의 역사 문제는 19세기 말 일제의 침탈과 식민지배 때부터 있어 왔습니다. 지금도 일제의 식민지배에 대한 진정한 사죄와 일본군 '위안부' 문제, 강제동원과 수탈, 독도영유권 등을 둘러싸고 논쟁과 외교 마찰이 일어나고 있습니다.

 중국은 개혁·개방 이후 급속하게 경제 발전을 이루면서 체제를 안정시키고 선린외교에 주력하였으나, 주변국과의 관계에서 주도권을 잡고자 하는 과정에서 자연스럽게 역사 문제를 둘러싸고 이웃과 대립하게 되었습니다. 그중 동북3성 지역의 역사에 대해서는 이른바 '동북공정'을 통하여 중국 영토 안에서 일어났던 역사를 모두 자국 역사 속에 편입하고자 함으로써 우리의 고대사(고조선, 부여, 고구려, 발해 등)와 충돌하게 되었습니다.

우리 재단은 이런 역사 현안을 우리 입장에서 연구하면서 다른 한편으로 우리 국민이나 다른 나라 사람들이 우리의 연구 결과를 같이 공유하고, 이를 쉽게 알 수 있도록 교양 수준의 책을 출간하게 되었습니다. 한·중·일 역사 현안인 독도, 동해 표기, 일본군'위안부', 일본역사교과서, 야스쿠니신사, 고조선·고구려·발해 및 동북공정 관련 주제로 우리 재단 연구위원을 중심으로 재단 외부 전문가들로 필진을 구성하였습니다.

모든 국민이 이 교양서들을 읽어 역사·영토 현안을 올바르게 인식하고, 나아가 우리가 동북아 역사 갈등을 주도적으로 해결하여 평화체제를 이룩하는 데 주역이 되기를 바랍니다.

동북아역사재단
이사장

| 차례 |

간행사 5

들어가며 8

제1장 동아시아로 몰려오는 서양

통상 요구와 해안 탐측 15
베이징의 문이 열리다 28

제2장 아라사관의 러시아 화가

정교회 전도단 최초의 정식화가 안톤 레가소프 43
조선인을 사진에 담은 레프 이고레프 68

제3장 각양각색의 서양인들로 붐비는 베이징

베이징에 등장한 의사, 지질학자, 통역관 97
호기심과 탐구욕이 넘친 사진가 존 톰슨 131

제4장 조선인과 비밀리에 만난 외교관

겸직 외교관 사무엘 월리엄스 167
전업 외교관 윌리엄 메이어스 190

에필로그 217

참고문헌 227
찾아보기 234

들어가며

  2010년 남양주에 있는 실학박물관에서 '연행(燕行), 세계로 향하는 길' 특별전시를 본 적이 있다. 전시 내용은 기억이 가물가물하고 특별전의 제목만 생생하다. 조선은 청에 매년 정기적으로 사신단을 보냈다. 특별한 사유로 보낸 비정기 사행단도 적지 않았다. 사행길을 통해 서학이 들어오고, 북학이 탄생했다. 청이 동아시아 패권을 쥐고, 중국 황제는 천자로 천하를 지배하는 관념이 통하는 시대였다. 전시 제목처럼 연행은 분명 세계로 향하는 길이었다.

  19세기 들어 그 세계에 조금씩 균열이 생겼다. 서양 열강은 힘을 앞세워 자신들의 세력을 확장해 나갔으며, 조선과 연결된 중화세계의 문을 두드렸다. 두드림은 빈번해지고 점점 강해졌다. 광저우에서만 서양과의 무역을 허용하던 청은 제1차 아편전쟁으로 4개의 항구를 더 열어야 했다. 난리는 거기서 끝나지 않았다. 제2차 아편전쟁 때는 함풍제가 베이징을 버리고 열하(熱河)로 도망갔다. 황제의 정원인 원명원이 불타오르고 유린당했다. 청은 더 이상 서양 열강의 동진을 막을 힘이 없었다. 서양인은 청 어디든 갈 수 있는 자유를 얻었고, 서양 열강은 자금성을 노릴 수 있는 자리에 공사관을 세웠다. 그리고 청 안에서 문호를 개방하지 않은 조선을 엿보았다.

베이징 거리를 활보할 수 있게 된 서양인은 자연스레 조선인과 마주쳤다. 선교사·외교관·기자·사진사·엔지니어 등 다양한 직업을 가진 서양인들이 사행을 온 조선인과 접촉했다. 1860년대 초 베이징에서 조선인을 마주친 영국인 니콜라스 데니스(Nicholas B. Dennys, 1839~1900)는 중국인들이 조선인은 낯선 사람에게 사납고 편협한 태도를 보인다고 얘기했지만, 직접 조선인을 만나는 데 어려움이 전혀 없었고 조선인은 시종 예의 바른 태도를 보였다고 했다. 게다가 그는 조선인의 단점으로 지칠 줄 모르는 호기심을 지적했다. 조선 조정은 서양과 거리를 유지하고 있었으나, 서양인은 활짝 열린 베이징에서 조선인에 바짝 다가갔다. 조선인도 연행에서 새로운 세계에 점차 다가가고 있었다.

이 책은 바로 데니스와 같이 베이징에서 조선인을 만난 서양인들의 흔적을 추적한다. 베이징을 방문했던 몇몇 서양인에게 조선은 중대한 사건의 한 부분이 아니라 인생에 스친 순간에 불과하다. 하지만 파편과도 같은 흔적을 겹겹이 모아 쌓으

니콜라스 데니스(Nicholas B. Dennys)
베이징 영국공사관에서 일했으며, 홍콩에서 『차이나메일(China Mail)』을 창간했다. 1870년대에는 싱가포르에서 치안판사를 맡기도 했으며, 1900년 홍콩에서 사망했다.
Arnold Wright ed., 1908, *Twentieth Century Impressions of British Malaya: Its History, People, Commerce, Industries, and Resources*, London: Lloyd's Greater Britain Publishing Company, Ltd.

면 조선이 중국 중심의 세계에서 벗어나 서양 중심의 세계로 가는 여정이 드러난다. 필자는 그 여정을 『사신을 따라 청나라에 가다』(푸른역사, 2020)에서 다룬 적이 있다. 이번에는 서양인의 발자국 위에서 보여주고자 한다.

제국주의시대가 도래하기 직전, 몰아치던 서세동점이 불편할 수도 있다. 하지만 세계로 향하는 길은 곧 세계가 우리에게로 들어오는 길이기도 하다. 일방향만 봐서는 그 길을 온 전하게 보기 힘들다. 데니스를 만난 조선인처럼 호기심을 가지고 그 길을 함께 갔으면 하는 바람이다. 18세기 말부터 이야기를 시작하여, 황제의 수도 베이징이 서양에 열리고 조선이 '개항'하는 1860~1876년까지 벌어진 일들을 주로 다룰 것이다. 이제 여행을 떠나자.

제1장

동아시아로 몰려오는 서양

통상 요구와
해안 탐측

 오늘날 국가들은 국제법에 따라 다른 국가와 조약을 맺고, 주권국가로 국제사회에서 활동한다. 실제로는 나라의 힘에 따라 다른 양상을 보일지라도, 서로 평등하다는 전제하에 교류가 이루어진다. 한 국가의 내정이나 외교가 간섭받으면, 주권을 침해받았다고 목소리 높여 비판할 수 있다. 21세기를 사는 우리에게는 당연한 상식이다. 하지만 상식은 시대에 따라 변하기도 한다.

 200년 전 동아시아 국가 관계에서는 전혀 다른 상식이 존재했다. 건륭 연간 제작된 〈만국래조도(萬國來朝圖)〉는 이를 잘 보여준다. 이 그림은 세계 곳곳에서 청 황제에게 조공하러 온 모습이 담겨 있다. 이처럼 많은 외국 사절이 실제로 베이징에 모인 적은 없지만, 당시 중국을 중심으로 한 국제질서의 관

<만국래조도(萬國來朝圖)> 부분

건륭 연간에는 각국 사신과 번부의 사절이 황제에게 조공하러 온 장면을 담은
<만국래조도>가 다수 제작되었는데, 이 그림은 가장 이른 시기인 1760년에 서양(徐揚),
장정언(張廷彦), 김정표(金廷標) 등이 제작한 것으로 추정된다. 故宮博物院

념이 그림에 그대로 드러난다. 그림을 보면 외국 사절의 손에 선물들이 가득하다. 조선, 베트남, 미얀마 등 청의 주변국뿐만 아니라, 영국, 프랑스, 포르투갈 등 서양 사절의 모습도 보인다. 청과 교류하고 장사를 하려면, 청의 질서를 받아들여야 했다. 물론 각 나라가 이행해야 하는 규칙은 청나라와의 관계에 따라 각기 달랐다. 어떤 나라는 매년 조공도 하고, 왕과 왕세자가 청의 책봉을 받아야 했으며, 조공만 하는 나라도 있었고 조공하지 않고 주변에서 무역만 하는 나라도 있었다. 규칙은 달라도 변하지 않는 관념은 중국의 천자가 천하의 정점에 있다는 사실이었다.

한쪽 무릎만 꿇은 매카트니 사절단

19세기 들어 동아시아에서 중국을 중심으로 한 질서에 변화가 오기 시작했다. 서양과 중국의 힘이 역전되면서, 서로 다른 질서가 충돌했다. 1793년 청에 온 영국의 매카트니 사절단이 그 충돌과 변화의 시작점에 서 있었다. 18세기 말 영국에서는 중국의 차와 도자기 등이 인기가 많았다. 영국은 중국으로부터 많은 물품을 수입했지만, 중국에 이렇다 할 영국 물품을 수출하지 못했다. 중국인에게 인기가 없었기 때문이다. 게다가 청은 광저우(廣州) 한곳만을 무역항으로 허가했기에 영국 상인은 청과의 무역에 제약이 많았다. 수입은 많고 수출은 적으니 영국은 항상 적자였다. 시간이 흐를수록 적자 폭은 점점 더 커졌다. 이런 상황을 개선하고자 영국 조지 3세는 1787년 찰스 카스카트(Charles A. Cathcart, 1759~1788)를 전권대신으로 하는 사절단을 파견하였지만, 카스카트가 청에 도착하기 전 병으로 죽어 사절단의 임무가 중단됐다. 이에 1792년 조지 매카트니(George Macartney, 1737~1806)를 전권대신으로 하는 사절단을 재차 파견했다. 건륭제의 생일을 축하한다는 명분이었지만, 자유무역 확대가 주목적이었다.

매카트니 사절단은 군함 라이온호를 타고 광저우에 도착해 건륭제에 알현을 청했고, 건륭제는 윤허했다. 매카트니는 가지고 온 선물이 많다는 이유로 톈진(天津)까지 자신들의 배로 이동할 수 있도록 허가해 달라고 요청했는데, 건륭제는 이 또한 윤허했다. 알현 장소는 청의 수도 베이징이 아닌 피서산장이 있는 열하(熱河)였다. 이는 건륭제가 열하에 머무르고 있었기 때문이다. 매카트니 사절단은 베이징을 거쳐 열하에 도착하여 조지 3세의 국서를 전달했다. 국서에는 주산(舟山), 닝보(寧波), 톈진 등 무역항 추가 개항, 상주 외교 사절 파견, 관세율 확정 및 추가 세금 징수 금지 등에 관한 내용이 담겨 있었다.

건륭제는 단칼에 거절했다. 중국은 땅이 넓고 물자가 풍부하여(地大物博) 교역이 필요 없으며, 영국이 외교 사절을 청에 상주시켜 무역을 관할하게 하는 것은 천조의 제도에 어긋난다고 설명했다. 무역항을 한 곳이라도 열어준 것은 황제의 은덕이며, 계속 교역하고 싶다면 천조의 제도를 따르라 했다. 자유무역을 앞세워 전 세계로 세력을 확장하던 영국의 기세는 청의 질서에 막혀 버렸다. 매카트니는 아무런 성과도 얻지 못하고 귀국길에 올랐다.

그런데 매카트니는 정말 건륭제를 알현했을까? 당시 사절단에 화가로 참여했던 윌리엄 알렉산더(William Alexander)가 그린 그림이 남아 있다. 의자에 앉아 있는 사람은 건륭제이고, 한쪽 무릎을 꿇고 두 손으로 국서를 전하는 사람이 매카트니이다. 그런데 조금 이상하다. 청 황제를 만나는 데는 꽤 까다로운 예법이 있다. 가장 중요한 것이 삼궤구고두례(三跪九叩頭禮)이다. 세 번 절하고, 매번 절할 때마다 이마가 땅에 닿도록 머리를 세 번 조아려야 한다. 이 예법은 청 황제를 천자로 인정하는 행위이다. 건륭제는 자유무역을 요청하는 영국의 요구에 천조의 질서를 지키라고 경고했다. 이런 상황에서 매카트니가 황제를 알현하고 삼궤구고두례를 행하지 않았다면, 건륭제가 가만히 두었을 리 없다.

삼궤구고두례는 영국에는 없는 예법이다. 그림에서 보이는 것처럼, 한쪽 무릎을 꿇고 허리를 숙여 인사하는 것이 영국

광둥성 후먼(虎門)을 지나며 예포를 쏘고 있는 라이온호(상)
흰색 돛을 단 두 척의 배가 영국 배이며, 연기가 피어오르는 배가 매카트니가 타고 있던 라이온호이다. William Alexander, 1796, Hong Kong Museum of Art

건륭제를 알현하는 매카트니(하)
William Alexander, 1793, The British Library

의 예법이다. 영국 국왕에게도 머리를 조아리지 않는데, 청 황제에게 두 무릎을 꿇고 고개를 숙여야 한다니, 매카트니는 도저히 받아들일 수 없었을 것이다. 이를 두고 청 예부와 영국 사절단 사이에 논쟁이 일어났다. 매카트니는 끝까지 삼궤구고두례를 거부했다.

매카트니가 건륭제를 실제 알현했는지, 만났다면 어떤 형태로 예법을 행했는지 학계에서는 논쟁이 있다. 실제를 밝히는 것은 어렵지만, 알렉산더의 그림은 문화와 질서가 다른 청 황제와 영국 사절의 만남을 보여준다. 영국 측 제안을 거부한 건륭제와 청의 예법을 거부한 매카트니는 19세기 전반 전개된 양국의 충돌을 암시한다.

제임스홀군도가 된 소청도

영국의 조지 3세는 1816년 윌리엄 애머스트(William P. Amherst, 1773~1857)를 전권대신으로 임명해 청에 재차 파견했다. 청 황제는 건륭제에서 그의 아들인 가경제로 바뀌었다. 애머스트는 가경제의 윤허로 베이징에 입성하지만, 예법을 두고 또 논쟁이 일어났다. 그도 삼궤구고두례를 거부하면서 가경제를 알현하지 못했다. 작은 무력 충돌도 있었다. 애머스트는 톈진에 도착한 후, 자신을 호송했던 알세스트(Alceste)호와 리라(Lyra)호에게 조선과 류큐 일대의 해안을 조사하도록 했는데, 이 두 군함은 임무를 마치고 광저우로 들어가는 길에 후먼(虎門)에 있던 중국 요새로부터 공격을 받았다. 이들은 청의 화포 공격에도 아랑곳하지 않고 저지선을 뚫고 유유히 지나갔다.

알세스트호와 리라호는 후먼에서 청과 충돌이 있기 전, 조선 연안을 조사했다. 이들은 소청도에 상륙해 조선인을 만나기도 했다. 리라호 선장 바실 홀(Basil Hall)이 귀국 후 출간한 『조선의 서해안과 일본 류큐섬 탐사기』에 관련 내용이 담겨 있는데, 소청도에서 만난 조선인에 대해 다음과 같이 묘사했다.

우리는 소와 닭을 보았으나 그곳 사람들은 그것들을 우리들의 돈이나 어떠한 물건으로도 바꾸려 하지 않았다. 그들은 우리가 선물로 건네준 달러도 받으려 하지 않았고, 어떤 물건을 보여줘도 귀하다고 여기는 기색이 전혀 없었다. 유일하게 와인 잔은 예외였는데, 그것조차 그들은 받으려 하지 않았다. …… 이곳 사람들은 태연자약하고 무관심한, 일종의 우쭐대는 몸가짐의 소유자들이었다.

홀이 보여준 물건에 소청도 주민들이 관심 없었던 것은 접해보지 못한 다른 세계의 돈과 물건이었기 때문이었다. 와인 잔에 관심이 있었지만 받지 않은 것은 외국인의 물건을 받아 경을 칠 일이 생길지 몰라서였다. 알세스트호와 리라호의 영국인과 소청도 주민 사이에 충돌은 없었고 지방 당국도 조정에 간략히 보고했다. 이 만남은 별다른 불상사 없이 마무리되었다.

홀의 소청도 일대 탐사는 작은 사건이었으나 큰 '발견'이었다. 그는 소청도, 대청도, 백령도 등 일대 섬을 제임스홀군도(Sir James Hall's Group of Island)라고 명명했다. 제임스 홀은 지리학자로 바실 홀의 아버지였다. 그 섬들은 조선에서 부르는 본래의 이름이 있었지만 중요하지 않았다. 그가 '발견'했고, 자신이 만든 이름으로 서양에 소개했다. 이제 제임스홀군도는 동아시아를 항해하는 서양인들의 입에 오르내리기 시작했다.

애머스트 사절단은 성과 없이 영국으로 돌아갔다. 동아시아에서 장사하던 영국 상인들은 손 놓고 있을 수 없었다. 1832년 영국 동인도회사는 무역 확장을 위해 영국인 휴 린지(Hugh H. Lindsay, 1802~1881)를 고용하여 동북아시아 지역 탐사를 진행했다. 린지는 로드 애머스트호(Lord Amherst)를 타고 마카오, 샤먼, 푸저우, 닝보, 상하이, 웨이하이 등 중국 연안 지역을 탐사하였으며, 조선과 류큐, 일본과의 통상을

후먼에서 청군과 교전을 벌이는 머레이 맥스웰(Murray Maxwell) 선장의 알세스트호(좌)
commons.wikimedia.org(검색일: 2022.11.18.)

제임스홀군도 주민들(우)
알세스트호에 타고 있던 의사 존 맥클라우드의 책에 수록된 그림이다.
John McLeod, 1817, *Narrative of a Voyage, in His Majesty's Late Ship Alceste, to the Yellow Sea, along the Coast of Corea and through Its Numerous Hitherto Undiscovered Islands, to the Island of Lewche: With an Account of Her Shipwreck in the Straits of Gaspar*, London: John Murray

모색했다. 이 배에는 조선에 처음 등장한 개신교 선교사인 카를 귀츨라프(Karl F. A. Gützlaff, 1803~1851)가 통역관으로 타고 있었다.

1832년 8월, 로드 애머스트호는 공충도 홍주의 고대도 해안에 정박해 통상을 희망하는 영국의 청원서와 영국을 소개하는 한문 책자를 조선 관원에게 건넸다. 조선 관원은 받기를 거부했다. 로드 애머스트호가 순순히 물러가지 않자 이 문제는 조정에 보고됐다. 조선이 서양 세력으로부터 받은 첫 통상 요구였다. 조선은 이를 받아들일 뜻이 없었다. "번신은 외교를 할 수 없다(藩臣無外交)"며 거부했다. 로드 애머스트호 측은 "조선은 청의 조공국일 뿐, 종속국이 아니기 때문에 타국과의 통상 여부는 스스로 결정할 수 있다"고 맞섰다. 틀린 얘기가 아니었다. 조공국과 종속국은 엄연히 달랐다. 조공국은 상국에 조공하지만 독립 군주에 의해 통치되었다. 외교와 내치가 상국에 종속되지 않고, 스스로 결정할 수 있었다. 종속국은 종주국으로부터 자치를 인정받지만, 상황에 따라 외교와 내치가 종주국에 의해 제한을 받았다. 조선은 청에 조공하지만, 종속국은 아니었다. 그렇다고 "번신은 외교를 할 수 없다"는 조선의 주장이 틀린 것도 아니었다. 이 말은 "인신은 외교를 할 수 없다(人臣無外交)"와 같은 말로 실질적 외교 규정이라 하기는 어렵지만, 중국을 중심으로 한 책봉 – 조공 관계 속에 관념적으로 존재했다. 실제적 구속력을 갖는 경우는 드물었지만, 외교 사안을 문제 삼을 때 명분으로 사용되기도 했다. 조선은 1882년 이전 서구 열강의 통상 요구를 거절할 명분으로 "번신은 외교를 할 수 없다"는 관념적 원칙을 빌려왔다. 서양의 근대 국제법 조약 관계에 기초한 요구를 책봉 - 조공 관계에 기초한 명분으로 거절한 것이다.

베이징의 문이 열리다

제1차 아편전쟁

　동북아시아에서 시장 확장을 위한 영국의 노력은 번번이 실패로 돌아갔다. 우선 청을 변화시킬 필요가 있었다. 사절단 파견을 통한 개선이 실패하자 무력으로 청을 압박했다. 1840년 제1차 아편전쟁이 발발했다. 전쟁 이전 영국에서는 차, 비단, 도자기 등 청나라 물품이 인기가 많았지만, 청나라 사람들은 도통 영국 물건에 관심이 없었다. 시간이 지날수록 영국의 대청 무역 적자는 점점 커졌고, 이를 개선하기 위해 영국은 인도에서 아편을 키워 청에 밀수출했다. 그러자 청에서 문제가 생겼다. 아편 밀무역으로 은 유출이 심각했고, 사람들의 건강을 피폐하게 만들었다. 당시 청 황제 도광제는 임칙서

제1차 아편전쟁 당시 전장(鎭江)전투
Richard Simkin, Brown University Library

를 파견하여 아편 무역을 엄금했다. 임칙서는 빅토리아 여왕에게 서한을 보내, "이적(夷狄, 오랑캐)이 일부러 우리에게 해를 입히려고 한 것은 아닐지 몰라도, 이익을 극도로 탐한 나머지, 그들은 타인을 해친다고 해도 상관하지 않는다. 물어보자. 당신들의 양심은 어디에 있는가?"라고 물으며 영국 상인의 아편 무역을 금지해달라고 요청했다.

임칙서의 서한은 빅토리아 여왕에게 전달되지 않았고, 임칙서와 영국의 아편 상인 사이의 갈등은 점점 커져 일촉즉발의 상황에 이르렀다. 영국 의회에서는 아편 무역을 위한 정의롭지 못한 전쟁이라는 주장과 자국민과 자유무역을 지켜야 한다는 논쟁이 팽팽했다. 결국 근소한 차이로 후자가 표결에서 이기며, 제1차 아편전쟁이 일어났다. 결과는 영국의 승리였다. 청은 결국 1842년 영국과 난징조약을 체결했다. 광저우(廣州) · 샤먼(廈門) · 푸저우(福州) · 닝보(寧波) · 상하이(上海) 개항, 홍콩섬을 영국에 할양, 전쟁배상금 지급 등이 난징조약의 주요 내용이다.

난징조약 이후 영국을 비롯한 서양 제국주의 세력이 몰려왔다. 개항장을 드나드는 배들이 많아졌고, 그들은 자연스레 주위로 눈을 돌리기 시작했다. 그리고 황해 맞은편 조선에까지 이르렀다. 조선 해안에 이양선이 출몰한 적은 이전에도 있었지만, 그 빈도가 달라졌다. 1845년에는 영국 군함 사마랑

제주 사람들
사마랑호에 타고 있던 사관후보생 프랭크 매리엇(Frank Marryat)이
제주도에서 만난 사람들을 그린 것이다.
Frank S. Marryat, 1848, *Borneo and the Indian Archipelago: With Drawings of Costume and Scenery*, London: Longman, Brown, Green, and Longmans

(samarang)호가 조선 해역에 출몰했다. 그들은 연안을 측량하고 통상을 요구했다. 조선 조정은 강경하게 대응했다. 작은 무력 충돌이 있었지만, 사마랑호는 전쟁을 하러 온 것이 아니었기에 물러났다.

조선은 이 사건을 청에 알렸다. 전후 사정을 소상히 밝히고, 청 황제가 바다 오랑캐들의 배를 관리하는 부서에 특별히 명하여, 그들이 조선에 접근하지 못하도록 해 줄 것을 청했다. 당시 청 황제는 도광제였다. 그는 조선의 요청을 받아들여 다음과 같이 칙유를 내렸다.

영국 오랑캐는 조약을 맺은 이래 일체의 장정(章程)을 마땅히 모두 준수해야 한다. 어찌하여 다시 천조의 속국에 가서 또 사달을 일으키는가? …… 이후에는 마땅히 조약을 지켜 서로 평안하게 지내며, 다시는 병선이 조선의 경내에 침입하여 소란을 일으키지 않도록 함으로써 천조가 번방(藩封)을 평안하게 하는 뜻을 밝히도록 하라.
_『道光朝籌辦夷務始末』卷74

천조는 청이며, '조약'은 난징조약을 의미한다. 제1차 아편전쟁으로 청과 영국은 대등한 관계의 조약을 맺었지만, 도광제는 여전히 영국을 오랑캐라고 불렀다. 전통적 천하관념을 탈피하지 못했다. 하지만 영국에 천자의 권위를 구현할 힘이 없었기에 영국에 조약을 맺었는데 왜 어기냐며 힐난할 뿐이다. 난징조약은 청 5개 항구의 개항을 규정하면서, 그 이외 지역에서 서양인의 활동을 금지했다. '속국(屬國)'은 글자 그대로 풀면 '속한 나라'이다. 조선은 독립된 국가지만, 병자호란으로 청과 책봉-조공 관계를 맺으면서 청 중심의 국제질서에 '속한 나라'였다. 그렇기에 여전히 천하관념을 가지고 있던 도광제는 서양인이 조선을 범하면 안 된다고 말한 거였다. 영국을 비롯한 서구 열강은 청이 조선 문제에 얼마나 책임을 지며, 양국이 얼마나 끈끈한 관계였는지는 정확히는 알지 못했지만, '특수한 관계'에 있다는 것을 이미 알고 있었다.

도광제의 명은 큰 힘을 발휘하지 못했다. 이후에도 서양 이양선은 조선 해안에 계속 출몰했다. 다만 조선과 큰 충돌은 없었다. 청이 완전히 개방된 것이 아니었기에 조선에 신경을 쓰기보다는 청의 문을 열어젖히기 위해 노력했기 때문이다. 영국은 제1차 아편전쟁을 통해 큰 이익을 얻을 수 있을 것이라 기대했으나, 현실은 전혀 그렇지 않았다. 더 큰 시장이 필요했다. 영국은 계속해서 청에 개항장 확대, 외교 관원의 베이징 주재 허용 등을 요구했다. 청은 당연히 거부했다. 굳이 조약을 개정할 이유가 없었다.

제2차 아편전쟁

1856년 10월 애로호사건이 발생하며, 제2차 아편전쟁이 발발했다. 영국은 식민지였던 인도에서 세포이항쟁이 일어나 그곳에 집중해야 했기에, 영국의 전격적인 원정은 1857년 말에 이루어졌다. 여기에 프랑스도 가세했다. 이전에 프랑스 선교사가 중국 내지에서 살해되는 사건이 있었기 때문이다. 영국과 프랑스 연합군은 광저우를 공격했다. 청은 저항했지만 속수무책이었다. 광둥과 광시를 책임지며 서양과 교섭을 맡아온 양광총독 엽명침(葉名琛, 1807~1859)이 붙잡혀 인도로 끌려갔다. 영·프 연합군은 청 연안의 주요 항구를 타격하며 톈진으로 북상했다. 다구(大沽) 포대에서 청은 협상에 나섰지만 결렬됐다. 영·프 연합군은 다구 포대를 함락하고 톈진성으로 진격했다. 톈진이 무너지면 베이징이 위험했다. 다급해진 청은 톈진조약에 서명했다. 조약의 주요 내용은 외국 공사의 베이징 주재, 난징(南京)·한커우(漢口)·타이완(臺灣)·덩조우(登州)·뉴쫭(牛莊) 등 10개 항구 개항, 중국 내지에서 여행·통상·포교 허용, 아편무역의 합법화, 청이 공문에 외국을 칭할 때 '오랑캐 이(夷)'자 사용 금지, 협정관세율 적용 등이었다.

하지만 관세 협상과 외국 공사 베이징 주재 문제를 둘러싸고 조약의 비준이 자꾸 미뤄졌다. 청 조정 내부에 보수파들은

원명원을 약탈하는 영국과 프랑스 연합군
L'Illustration, 1860.12.22.

1860년 10월 24일 베이징조약 체결을 위해 안정문을 통해 입성하는 영국군
The Illustrated London News, 1861.1.5.

불만을 쏟아냈다. 끝난 것 같았던 전쟁은 다시 불이 붙었다. 1860년 10월 영·프 연합군은 베이징으로 진격하여, 청의 수도를 약탈하고 유린했다. 함풍제는 이미 자금성을 버리고 열하로 도망간 상황이었다. 청은 결국 굴복하고 만다. 톈진조약을 비준하고 베이징에서 불과 100km 떨어진 톈진을 추가 개항하는 등의 내용을 담은 베이징조약을 체결했다. 함풍제는 자금성으로 돌아오지 못하고 열하에서 죽었으며 베이징은 서양인에게 활짝 열렸다.

제2차 아편전쟁은 청뿐만 아니라 조선에도 큰 충격을 주었다. 조선은 황제의 도시에 침범한 그들을 보며 서양 제국주의 세력이 거세게 몰려오고 있음을 체감했다. 대국인 청이 무너졌으니 조선도 언제 무슨 일이 생길지 모른다는 불안감이 생겼다. 조선은 서양 열강과의 접촉을 피하고 싶었지만, 계속 마주칠 수밖에 없었다. 조선 해안에서뿐만 아니라 베이징에서 말이다. 서양 열강의 공사들이 베이징에 주재하기 시작했고, 서양인들은 중국을 마음대로 여행할 수 있었다. 조선은 매년 청에 사신을 파견하였기에 베이징 거리를 활보하는 서양인들과 마주쳤다.

청의 수도를 무너뜨리며, 자신들에게 붙은 오랑캐라는 칭호를 떼 버린 서양 열강은 조선으로 눈을 돌렸다. 중국 내지를 자유롭게 통행할 수 있으니, 조선에도 갈 수 있다고 생각했다. 이양선이 조선 해안에서 측량하는 일이 빈번해지고, 교역이나 선교를 위해 조선의 문을 두들겼다. 조선은 청의 수도가 무너지고 황제가 도망간 것을 알고 있었다. 당연히 서양에 대한 경계심이 클 수밖에 없었다. 서양과 교역을 하는 게 큰 이득이 있는 것도 아니었다. 그렇기에 변함없이 서양의 문호 개방 요구를 모두 거절했다. 서양인들이 청에 항의해도 소용없었다. 청은 조선이 청 황제에 조공하지만 조선의 내정과 외교를 간섭하지 않는다고 선을 그었다. 변명이 아니라 실제 그랬다. 천하는 관념상 천자의 것이니, 조공국은 천하의 범위에 들어간다. 하지만 조선은 '자주(自主)'를 했다.

서양 열강은 조선을 그들이 규정한 '국제사회'로 끌어내기 위해 노력했다. 이후 병인양요, 제너럴셔먼호사건, 남연군 묘 도굴 미수사건, 신미양요 등 마찰이 일어났지만, 흥선대원군이 섭정하는 조선은 완강했다. 몰래 조선에 들어가지 않는 이상, 서양이 조선인을 만날 수 있는 곳은 베이징뿐이었다.

제2장

아라사관의
러시아 화가

정교회 전도단 최초의 정식화가
안톤 레가소프

베이징에 서양인이 불쑥 나타난 것은 아니었다. 청 황실에 봉사하며 선교의 기회를 엿보던 예수회 선교사가 있었다. 러시아가 청과 조약을 맺고 파견한 정교회 성직자와 유학생도 있었다. 이들은 모두 황제의 윤허를 받아 베이징에 거주했다. 베이징으로 사행을 온 조선 사신들은 이들과 만나곤 했다. 18세기에는 주로 예수회 선교사와 교류가 있었으며, 19세기 전반에는 러시아 사람들과 교류했다.

베이징에 들어온 러시아 전도단

17세기 중엽 러시아가 아무르강으로 세력을 확장하면서 청 변경에서 잦은 분쟁이 전쟁으로 발전했다. 1685년 러시아인 수십 명이 베이징으로 끌려왔다. 알바진전투에서 붙잡힌 포로들이었다. 국경 분쟁을 해결하기 위해 양국은 1689년 네르친스크조약을 체결했으나, 이들은 고국으로 돌아가지 못하고 팔기에 편입되어 베이징에서 살아야 했다. 그래도 황제는 은혜를 베풀어 그들이 자신의 신앙을 믿으며 살 수 있게 해 주었고 교회당도 지어 주었다. 그들 중 정교회 사제 막심 레온티에프가 예배를 주관했다. 1712년 레온티에프가 죽고, 러시아는 강희제에게 청해 수도원장 할라리온이 이끄는 총 11명의 전도단을 베이징에 파견했다.

네르친스크조약은 변경 무역을 허용했지만, 교역 규정이 모호하고 몽골 지역의 국경선이 불분명해 다툼이 끊이지 않았다. 이를 해결하기 위해 1727년 캬흐타조약이 맺어졌다. 네르친스크조약과 달리 국경과 통상 문제뿐만 아니라, 러시아의 요청에 따라 러시아는 베이징에 3년에 한 번 대규모 상단을 파견할 수 있고, 러시아정교회 전도단이 상주할 수 있다는 내용이 포함되었다. 전도단은 약 10년에 한 번씩 교체됐으며, 인원은 10명 안팎이었다.

베이징에 머무는 러시아정교회 성직자들은 청으로부터 숙식을 제공받고, 이번원(理藩院)의 관리를 받았다. 이번원은 조공국이 아닌 청의 간접통치를 받는 번부(藩部) 사무를 담당하는 관청이었다. 캬흐타조약은 청과 러시아가 기본적으로 평등한 관계로 체결된 조약이다. 하지만 이번원이 관리한 것을 보면 베이징에 거주하는 러시아인들은 청의 질서 안에서 통제를 받는 모습이었다. 그래서 조선인들은 러시아인들이 중화 문물을 배우기 위해 베이징에 왔다고 생각했다. 실제 러시아 성직자들은 중국어를 배우고 중국 고전을 연구했다. 중국을 우러러봐서 그런 것은 아니었다. 정교회를 널리 알리기 위해, 그리고 접경을 맞대고 있으면서 언제든 적국이 될 수 있는 중국에 대해 알기 위해서였다. 조선 사람들은 그런 러시아인들의 속내를 알 수 없었을 뿐이다.

포악한 '오랑캐'라고?

1834년 1월 28일, 조선 사신단이 베이징에 도착했다. 사신단의 대표인 정사는 서경보(徐畊輔), 부사는 윤치겸(尹致謙), 실무를 총괄하는 서장관은 김경선(金景善)이었다. 정사, 부사, 서장관을 일컬어 삼사(三使)라 한다. 2월 4일, 삼사는 황제를 배알하는 조회에 참석하기 위해 예법을 익히는 정자인 습례정(習禮亭)으로 향했다. 그곳에서 예부 관원의 지도로 세 번 절하고 절할 때마다 이마를 땅에 찧는 삼궤구고두례(三跪九叩頭禮) 예법을 익혔다.

삼사는 절하며 묻은 흙먼지를 털어내고 아라사관(俄羅斯

館, 악라사관)으로 향했다. '큰 코 오랑캐(大鼻㺚子, 러시아인)'가 사는 곳이었다. 수십 년 전만 해도 양반네들이 그곳에 가려 하면 하인들이 말렸는데, 그곳의 오랑캐들이 포악하다는 이유에서였다. 그런데 이상하게도 조선에서 팔리던 거울이나 수달피는 대부분 베이징을 거쳐 들어온 러시아산이었다. 러시아 사람을 만나지 않고 러시아 물건을 조선에 들여오는 것은 불가능하다. 그러니 하인들은 아라사관에 드나들며 잇속을 챙기고, 무슨 연유에서인지 양반들이 출입하지 못하도록 했을 것이다.

그럼 러시아 사람들은 정말 포악했을까? 18세기 조선 사신들에게 천주당은 유명 관광지였다. 하지만 1801년 신유박해로 더는 갈 수 없었다. 가지 못하면 더 궁금해지는 법이다. 조선 사신들은 아라사관에서 '서양'을 만났는데 그곳에 천주(天主)를 모시는 교당이 있었다. 교당에서 '천주상'을 보고 나온 서경보와 윤치겸은 다음과 같이 얘기했다.

그 안에 들어가니 좌우에 각각 금 자물쇠로 굳게 봉해 둔 작은 방이 있었습니다. 그 안에 무엇이 있느냐고 물으니, '음력 초하루와 보름에 천주에게 예배할 때에 입는 법복(法服)이 있다' 하였습니다. 한 번 보기를 간곡히 청하자 난색을 지었고, 여러 번 간청한 뒤에야 비로소 꺼내 보여주었습니다. 머리에 쓰는 관은 평소 쓰는 것과 같았으나 금빛이 더욱 휘황찬란하였으며, 옷 또한 금을 입혔는데 우(又) 자의 모양과 같았습니다. 이것은 머리 위로 뒤집어쓰는 듯하였습니다. 각 안에는 나무로 깎아 만든 문장(門障)을 가로로 만들어 두었습니다. 문 앞에는 유리로 된 큰 등 3개를 달아 놓았습니다. 그 문안에 들어가 동쪽 벽 위를 보니, 서쪽을 향하여 천주상을 걸어 두었습니다. 천주상은 풍채가 정결하였고, 온몸은 알몸이었는데 단지 두어 자의 흰 비단 자락으로 볼기와 허벅지를 가렸을 뿐이었습니다. 머리에 쓴 것은 제도가 우리나라의 평량자(平涼子)와 같았는데 이것이 중국에서 말하는 등립(藤笠)인 듯하였습니다. 방금 형벌을 당하여 머리 부분이 반이나 수그러져 거의 땅에 떨어질 것 같았습니다. 또 무쇠 못으로 나무틀(십자가) 위에다 두 손을 못질하여 몸을 움직이지 못하게 하였으며, 비린내 나는 피가 온 얼굴을 덮어 정말 뚝뚝 떨어져 죽은 듯하였습니다. 참혹하여 사람으로 하여금 차마 똑바로 바라보지 못하게 하였습니다.

_『燕轅直指』卷3,「留館錄」上

천주상에 대한 묘사가 참으로 음산하다. 믿음이 없다면 천주상을 보기 힘들었을 것이다. 게다가 조정에서는 천주교를 금하고 있었다. 아라사관 교당의 천주상은 누가 봐도 18세기 조선 사신들이 방문했던 천주당의 천주상과 다르지 않았다.

청 황제의 은혜로 러시아인들이 베이징에 기거하고 있다고 하지만, 작은 말썽이라도 일어난다면 경을 칠 수 있었다. 만약 러시아 사람들이 난폭했다면 조선 사신들이 굳이 아라사관을 찾아갔을까? 오히려 그들은 조선인 방문객을 따뜻하게 맞았다.

아라사관 남관을 방문하다

조선 사신단이 찾아간 아라사관은 남관이었다. 알바진전투에서 잡힌 러시아 포로가 베이징에 왔을 때 만들어진 곳은 북관이었다. 캬흐타조약 이후 또 다른 관소가 마련되는데 그곳이 남관이었다. 조선 사신이 머무는 회동관은 남관과 가까웠으며, 사신단 사람들은 유람 삼아 그곳을 찾아갔다. 조선 사람들은 북관의 존재에 대해서는 몰랐던 것 같다. 김경선의 연행록인 『연원직지』에 「악라사관기」가 있는데, "대저 그들 관소 안에 머무는 자는 이 세 사람에 지나지 않았으니, 유달리 이상한 일이었다"라고 기록하고 있다. 김경선은 러시아 전도단은 10명 안팎으로 파견되며, 외부 출입이 자유롭지 않다는 사실을 잘 알고 있었기에 관내에 3명 밖에 없는 것을 이상하게 여겼다.

그 세 사람은 누구일까? 김경선은 아라사관을 지키는 청나라 문지기에게 돈을 찔러주고 대문 안으로 들어갔으나, 응대하는 이들이 없었다. 약속을 한 것도 아니고, 사람을 불러내 들어간 것도 아니니 당연하다. 그렇게 몇 개의 문을 지나서야 사람과 마주쳤다. 김경선이 쓴 「악라사관기」를 따라가 보자.

> 대문 좌우에는 5~6칸 되는 집이 있었으니, 하인들이 머무는 곳이라 했다. 그런데 한 사람도 보이지 않아 적막하였고, 군데군데 의자와 탁자만 있을 뿐이었다. 뜰 북쪽에는 한 채의 넓은 집이 있었는데, 모두 비어 있었다. 서쪽을 따라 한 작은 문을 들어가니 꽃나무를 많이 심어 놓은 넓은 뜰이 있었고, 거기에는 큰 개 두 마리와 작은 개 5~6마리가 있었다. 개들은 대개 그 나라에서 온 것인데, 큰 개는 사람을 보면 물려 하기에 쇠줄로 다리를 매어 둔다고 했다. 뜰 좌우에는 각각 10여 채의 집이 있었는데 또한 비어 있었다. 뜰 남쪽에는 대들보가 없는 높은 건물 한 채가 있었다. 건물의 모양새가 이상해서 정면으로 보거나 측면으로 보거나 사면이 모두 같았다. 아래는 널찍하고 위는 뾰족하였으며 벽돌을 쌓아 처마에 닿았다. 각 위에는 두어 장(丈)의 금표(金標)를 세워 두었는데, 공중에 우뚝 솟아 있었다.
> _『燕轅直指』卷3, 「留館錄」上

대들보 없는 건물이 교당이고, 건물 위의 금표는 십자가다.

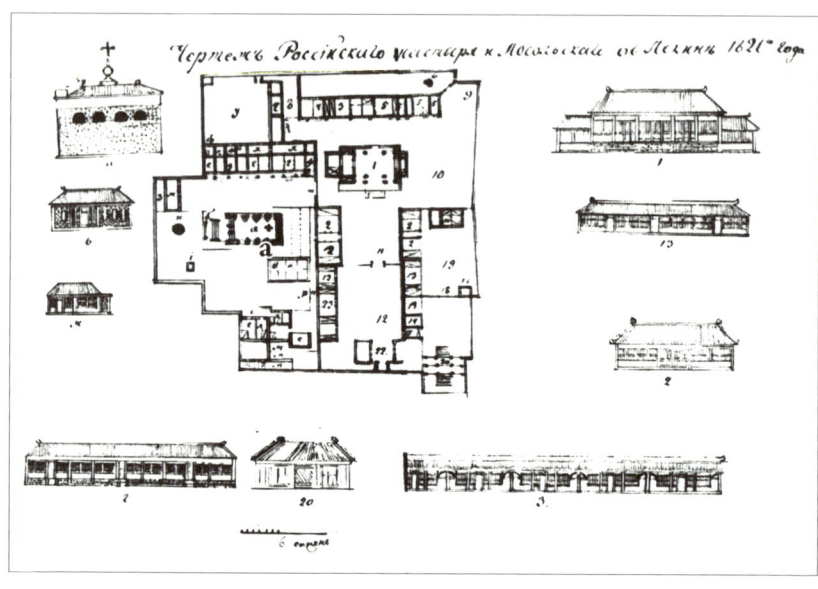

아라사관 남관 도면
National Academy of Sciences of Ukraine

아라사관 남관의 도면에서 a로 표시된 부분이다. 남북 양쪽 벽에 창문 네 개가 있고, 서쪽 벽에 아치형 문이 세 개 있었다. 안으로 들어가면 천주상이 모셔져 있었다.

천주당 북쪽 맞은편에 길게 늘어선 건물은 러시아인이 머무는 곳이었다. 탁 트인 집은 중국식 건물이었고, 내부의 탁자, 침대, 물건들은 모두 러시아산이었다. 벽에는 큰 거울과 인물, 풍경 등이 그려진 그림이 걸려 있었다. 그림은 모두 실물에 가까웠다. 인물 그림들은 큰 코에 파란 눈으로 모두 서양인이었다. 긴 수염을 기른 사람도 있었다. 김경선은 러시아 황제와 황후의 초상화가 건물 곳곳에 있었다고 했는데, 니콜라이 1세와 알렉산드라 표도로브나였을 것이다. 황제와 황후 사이에는 천주를 그린 그림이 있었다.

베이징에 온 최초의 러시아 화가

큰 키에 긴 수염이 난 수려한 외모의 사람이 코담배 병을 들고 불쑥 나타났다. 그림 속에 있던 인물이었다. 존귀한 사람처럼 보였다. 그는 덕 노야(德老爺)라고 불리었다. 노야는 관원이나 부호를 높여 부르는 말이다. 덕 노야는 러시아인 드미트리 세메노비치(Dmitry Semenovich, 1801~1866)였다. 중국 문헌에는 안문공(安文公), 아와고마(阿瓦枯瑪) 등으로 나온다. 그는 중국어를 배우고 있었으나, 1830년 베이징에 와 막힘없이 필담을 나눌 수준은 아니었다. 그의 글 선생인 조씨(趙氏)의 도움을 받아 한자로 띄엄띄엄 필담을 했다. 김경선은 1851년 진주겸사은사 정사로 베이징을 다시 방문했는데, 그때 덕 노야를 다시 만났다면 깜짝 놀랐을 것이다. 그는 중국에 10년 동안 머물며, 중국어, 티베트어, 몽골어에 정통했고, 1858년 청과 러시아가 아무르강 유역의 영역을 확정짓는 아이훈조약 체결 때 통역으로 참여했을 정도로 출중한 언어 능력을 갖추었기 때문이다. 아쉽게도 1851년에는 덕 노야가 고국으로 돌아가 베이징에 없었다.

김경선은 덕 노야와 필담을 나눈 후 그의 안내로 동쪽 구들방으로 자리를 옮겼다. 벽에는 온갖 그림이 가득했다. 그곳은 혁 노야(赫老爺)라는 러시아인이 거처하는 방이었다. 혁 노야가 차를 내오고 함께 마시며 자명악(自鳴樂)을 들었다. 곡을 스스로 만들어 내는 신묘한 기예가 귀를 사로잡았다. 음악이 끝나자 덕 노야는 주변의 그림을 가리키며 "이것은 모두 혁 노야가 그렸습니다. 초상화는 더 잘 그립니다"라고 싱글벙글하며 얘기했다. 조선 사신은 베이징에 오면 화공을 찾아 초상화를 그려 가곤 했는데, 이를 잘 알고 있다는 듯 말했다. 서경보와 윤치겸이 초상화를 부탁하니 그는 흔쾌히 승낙했다.

혁 노야의 이름은 안톤 레가소프(Anton M. Legashev,

1798~1865)이다. 중국 문헌에는 아나탁나(阿那托那)라고 나온다. 그는 러시아 전도단에 참여해 베이징에 온 최초의 러시아 화가이자 러시아 전도단이 베이징에 파견된 이래 베이징에 온 최초의 화가였다.

레가소프가 그려 준 초상화는 전하지 않으나 그와 교분이 있던 영친왕(榮親王) 영기(永琪)의 손자였던 혁회(奕繪)는「상을 그려 용제에게 보내 훗날 이 같은 그림을 약속하며 스스로 쓰다: 아라사 화가 레가소프가 그리다(自題寫眞寄容齋且約他日同畫: 俄羅斯畫師阿那托那畫)」라는 시를 지으며, 레가소프를 다음과 같이 평했다.

> 북쪽 끝 차가운 바다 러시아, 교풍이 서양의 법도에 자못 가깝네.
> 십 년마다 바뀌가며 새롭게 오는 유학, 백 년 만에 좋은 화가가 왔다네. [그 화풍이 서양 랑공(郎公)에 자못 가깝다.]
> 내 의관을 그리고 얼굴빛을 바르게 하니, 그의 붓을 빌려 위엄을 보이네.
> 신무(神巫)가 무슨 술법으로 호자(壺子)를 엿보겠는가, 토양과 천문은 각기 한때인 것을.

혁회는 레가소프를 백 년 만에 베이징에 온 좋은 화가라

카스틸리오네가 그린 <건륭황제대열도(乾隆皇帝大閱圖)>
Giuseppe Castiglione, 故宮博物院

며, 그의 그림을 서양의 랑공(郞公)에 빗댔다. 랑공은 랑세녕(郞世寧)이다. 이탈리아 화가 주세페 카스틸리오네(Giuseppe Castiglione, 1688~1766)의 중국 이름이다.

카스틸리오네는 예수회 선교사로 1715년 청에 파견되어 강희, 옹정, 건륭 연간 궁정화가로 활동하였다. 서양식 화법으로 황제의 어진을 그리거나, 황제의 주요 공적을 화폭에 담았다. 건륭제가 원명원에 서양식 궁전과 정원을 건설할 때는 베르사유궁전을 본떠 설계도를 만들기도 했다. 건륭제는 그를 총애해, 그의 칠순 생일에 특별히 축하연을 열어줄 정도였다. 그림 실력도 훌륭했지만 황제가 이토록 아끼니 베이징에는 그의 명성이 자자했다. 카스틸리오네는 1766년 베이징에서 생을 마쳤지만, 베이징 사람들에게 계속 회자되었다. 그러므로 혁회가 레가소프를 카스틸리오네에 비견한 것은 대단한 찬사였다.

농노 출신에서 실력 있는 화가로

레가소프는 카스틸리오네와 여러모로 달랐다. 카스틸리오네는 꽤 괜찮은 집안에서 태어나 어릴 적 밀라노에서 미술과 인문학을 배웠고, 예수회에 들어가서는 중국에 파견되기까지 중국에서 필요한 전문 교육을 받았다. 청에 와서는 청 황실에서 일하는 예수회 선교사들을 통해 궁정화가 되었다. 카스틸리오네는 예술 선교에 헌신했으며 그가 죽자 건륭제는 그의 장례를 성대하게 치러줬다.

반면 레가소프는 교양인도 아니었고, 궁중화가도 아니었다. 그는 1798년 러시아 볼가강 유역의 펜자 지방의 리포브카(Lipovka)라는 작은 시골 마을에서 농노의 아들로 태어났다. 제대로 공부할 수 있는 환경이 아니었으며 신분의 제약도 있었다. 농노는 지주에게 예속된 농민이었기 때문에 이들은 토지를 이탈할 수 없었고, 지주의 통제를 받았으며, 농노 신분은 세습되었다. 러시아의 모든 농민이 농노는 아니었지만, 18세기 말에는 러시아 인구의 절반 이상이 농노였다. 농노 문제가 심각하자 19세기 초 러시아 황제 알렉산드로 1세는 지주에게 농노를 해방할 수 있는 권한을 주었다. 전면적인 농노해방령은 1861년에 가서야 이루어지지만, '자비로운' 지주라면 농노를 풀어 줄 수 있었다. 물론 이 권한을 행사한 지주는 극소수였지만, 레가소프는 인생을 바꿀 기회를 얻었다.

1818년 레가소프가 스무 살이 되던 해, 그의 지주는 거주, 혼인, 직업의 자유를 보장하는 문서를 써 주었다. 평생 정해진 땅을 벗어날 수 없던 레가소프에게 날개를 달아 준 것이다. 그림을 좋아하던 레가소프는 고향을 떠나 상트페테르부르크로 향했다. 예술아카데미에서 공부하기 위해서였다. 1757년에 개원한 예술아카데미는 러시아 황실이 지원하는 러시아 최고의 예술가 양성 기관이었다. 그림에 대한 열정이 컸던 레가소프는 두각을 나타냈다. 특히 초상화가 뛰어나 예술아카데미의 콩쿠르에서 여러 차례 수상했다.

하지만 삶은 녹록지 않았다. 생활은 궁핍했고, 예술가 등급도 받지 못했다. 예술아카데미에서 교육받은 예술가들은 보통 심사를 통해 등급을 부여받고, 정부의 지원을 받았다. 1825년 예술아카데미는 가장 낮은 등급이지만 레가소프에게 14등급을 부여하기로 정하고 황제에게 추천했다. 하지만 니콜라스 1세는 승인하지 않았다. 아마 농노 출신이라는 것이 걸림돌이 되었을지 모른다.

팍팍한 삶 속에 또 한 번의 기회가 왔다. 1820년대 중반 러시아 외무부의 아시아 지역 업무를 총괄하던 콘스탄틴 로도피니킨(Konstantin Rodofinikin, 1760~1838)은 예술아카데미 원장 알렉세이 올레닌(Alexey Olenin, 1763~1843)에게 솔깃한 제안을 했다. 중국인들은 외국인에게 무관심하고 냉담하지만, 유럽 예술에는 관심이 많으니 러시아의 예술을 중국에 알리면 선교에 도움이 될 거라며, 예술아카데미의 학생 두 명을 선발해 전도단과 함께 베이징에 파견하자는 것이었다. 카스틸리오네를 비롯한 수많은 예수회 궁정화가만 봐도 틀린 말은 아니었다.

올레닌은 고민에 빠졌다. 다음 전도단 교체는 1830년이었다. 충분한 시간이 있었지만, 중국은 자신도 가 보지 못한 전혀 다른 세상이었다. 게다가 1807~1821년 전도단장으로 베이징에서 활약한 비추린(Nikita Y. Bichurin, 1777~1853)이 귀국 후 중국학에 대한 열정에 비해 종교적 열정이 부족하다는 비판을 받고 수도원장직을 맡을 수 있는 대수도사제직을 박탈당했다. 몇 년 뒤 사면을 받긴 했지만, 성직자들 사이에 베이징 선교에 대한 불안감을 심어 주었다. 게다가 베이징에 한번 가면 10년 동안 귀국할 수 없었다. 성직자가 아닌 화가라면 중국어도 배워야 했고, 안료를 구하기도 어려워 스스로 만들기도 해야 하니 더욱 힘들었다. 중국 회화에 관심을 가지고 탐구할 수 있는 능력도 겸비해야 했다.

올레닌은 고민 끝에 야넨코(Ja. F. Janenko)와 솔세프(F. G. Solncev)를 낙점했다. 야넨코는 아내와 세 아이가 무척 슬퍼하며, 친척들이 걱정한다고 올레닌에게 편지를 썼다. 누가 10년씩이나 어딘지도 잘 모르는 이국으로 가고 싶겠는가. 솔세프의 상황도 비슷했다. 올레닌은 고독하고 험한 여정인 것을 알기에 강권할 수 없었다. 귀국 후 연봉 500루블을 제시했지만 나서는 이가 없었다.

이때 레가소프가 나섰다. 그는 올레닌에게 조국에 도움이 되고 싶다고 편지를 썼다. 농노 출신에 결혼도 하지 않았고,

예술가 등급도 명성도 없던 그가 인생의 승부수를 던진 것이었다. 올레닌은 적임자는 고사하고 지원자도 없는 상황이었기 때문에 당연히 반겼다. 레가소프는 내친김에 베이징에 가기 전 예술가 14등급을 요청했다. 험지로 떠나는 만큼 얻을 수 있는 것을 최대한 얻어내야 했다. 예술아카데미위원회는 요청을 받아들였다. 예전에 추천을 통해 그의 능력은 이미 입증된 바 있으며, 조국을 위해 떠난다는 명분도 있었다. 예술아카데미는 황제에게 재차 14등급을 추천했다. 그런데 이유는 알 수 없지만, 황제는 이번에도 거절했다. 레가소프는 두 번이나 예술가 등급 비준을 받지 못했다. 농노 출신에 예술가 등급도 없기에 러시아에서 장래도 불투명했다. 삶의 고단함은 고향이나 외국이나 매한가지였기에 미지의 베이징이 더 나을지도 모를 일이었다.

정교회 전도단 최초의 화가

1830년 여름, 레가소프는 전도단 일원으로 청이 코앞인 캬흐타에 도착했다. 러시아 도시지만 중국풍이 물씬 풍겼다. 1831년 비추린이 세운 러시아 최초의 중국어 학교도 있었다. 변경 무역으로 청 상인들이 드나들며 중국어로 와자지껄했으며 중국어 간판을 단 상점도 즐비했다.

1885년 캬흐타 시장 풍경
미국의 탐험가이자 러시아 전문가였던 조지 케넌이 방문했던 캬흐타 시장 풍경이다.
이고레프가 방문한 지 50여 년 뒤의 일이지만, 중국풍을 엿볼 수 있다.
George Kennan, 1891, *Siberia and the Exile System*, vol.2,
New York: The Century Co.

러시아정교회 전도단은 1830년 9월 초 청 국경을 넘었고, 11월 전도단 최초의 화가로 레가소프는 베이징 땅을 밟았다. 이번에 파견된 제11차 전도단은 그를 포함해 14명이었다. 언어와 문화가 완전히 다른 곳에서 10년을 보내야 했다. 베이징은 여름 태양이 뜨겁고, 겨울 바람은 매서운 곳이었다. 러시아인에게 추위는 문제가 되지 않았지만, 더위는 참을 수 없었다. 고향에서 겪어 보지 못한 습한 더위였다. 매끼 식사도 문제였다. 청에서 식자재를 제공했지만, 고향의 맛을 내기란 쉽지 않았다. 이번원의 관리를 받으며 외부 활동도 자유롭지 못했다. 지루하기 짝이 없는 곳에서 우울증에 걸리기에 딱 좋았다. 더욱이 전도단은 연령이 대부분 20대에서 30대 초반이어서 활기 왕성한 나이에 갑갑함은 배가 됐다. 자진해서 전도단에 참여한 레가소프는 어땠을까.

화가로서의 소명을 다하다

레가소프는 혁회가 백 년 만에 온 좋은 화가라 할 정도로 귀한 서양화가였다. 18세기 청 황실에서 활약하던 궁정화가들이 있었지만, 1773년 교황 클레멘스 14세는 예수회를 해산했다. 그리고 1784~1786년 청에서 천주교인 400여 명, 외국인 선교사 18명이 체포돼 심문을 받은 '건륭대교안(大敎

案)'이 일어났다. 이 일로 중국 내 천주교 세력은 크게 위축되었다. 베이징에서 예수회 화가들이 사라지니, 레가소프의 존재는 당연히 귀할 수밖에 없었다. 레가소프는 자신의 사명을 잊지 않았다. 중국말과 문화를 익히고, 그림으로 청 황실 사람들과 고관대작을 감동시키기 위해 최선을 다했다. 조선 사신의 초상화 제작 요청에 흔쾌히 답할 정도로 매사에 적극적이었다.

레가소프의 실력은 베이징 내 금세 소문이 났다. 아라사관을 관장하는 이번원 상서였던 희은(禧恩)을 비롯해, 혁회, 가경제의 다섯째 아들이었던 혜친왕(惠親王) 면유(綿愉) 등 청 황실 사람들이 그를 찾아와 초상화를 부탁했다. 적지 않은 중국인 관료도 찾아왔다. 그는 대개 아라사관에서 그림을 그렸지만, 면유와 같이 최고위층 황실 가족의 경우 자택을 방문하여 그렸다. 면유는 레가소프가 그려 준 첫 초상화에 크게 만족했다. 흡족해하며 가족들에게 자랑했고, 레가소프에게 여러 차례 초상화를 의뢰했다. 학문적 탐구욕이나 취미가 없었다면 베이징에서 생활은 지루할 수밖에 없지만, 레가소프는 그럴 틈이 없었다.

교당의 성화를 그리는 것도 그의 몫이었다. 그림을 꽤 잘 그리던 사제들이 베이징에 상주한 적은 있었지만, 전문 화가가 파견된 적은 없었다. 1836~1837년 레가소프는 전도단장

중국인 고위 관료의 가족
Anton Legashev, 1862, Primorye State Art Gallery

의 명으로 교당을 성스럽게 단장했다. 이전 교당의 성화는 전도단이 가지고 온 그림을 모본으로, 중국인 화공들을 고용해 제작한 것이었다. 중국에서 사용하는 안료는 러시아의 것과 다르고, 서양과 중국 화법에 차이가 있어 모본이 있지만 만족스러운 결과물이 나오지 않았다. 레가소프는 중국에서 재료를 직접 구해 안료를 만들었다. 구름 위에서 세상을 축복하는 구세주, 용을 무찌르는 미카엘 대천사, 최후의 만찬, 그리스도의 탄생 등의 성화가 그의 붓 끝에서 탄생했다. 하지만 1900년 의화단 봉기로 정교회 교당이 파괴되며 그림도 역사 속으로 사라졌다.

레가소프는 전도단의 누구보다도 바쁘게 지냈다. 로도피니킨이 올레닌에게 학생들을 전도단에 참여시키자고 제안했을 때 건의했던 임무들을 착착 수행했다. 그림을 통해 중국인의 호감을 얻었고, 교당을 더욱 성스럽게 꾸몄으며 심지어 조선인의 초상화도 그려 주는 등 쉴 새 없이 일했다. 하지만 예술아카데미는 불만이었다. 예술적 탐색이나 이미지화된 중국 관찰 보고가 없었기 때문이다. 전도단의 유일한 화가였던 레가소프는 러시아정교회의 종교적 목적, 외교 당국의 정치적 목적을 위해 일할 뿐만 아니라, 예술아카데미가 요구하는 예술적 임무도 수행해야 했다. 예술아카데미는 단순히 미술가를 발굴해 지원하는 것이 아니었다. 미술의 발전을 도모해야 했고, 일련의 성과가 필요했다.

올레닌은 당연히 레가소프에게 예술적 임무를 당부했다. 하지만 레가소프는 전도단의 화가라는 직책으로 파견된 최초의 인물이었다. 임무를 인수인계 받은 것이 아니라 모두 알아서 해야 했기 때문에 전도단장과 성직자들에게 많이 기댈 수밖에 없었다. 중국인이 원하는 초상화를 그리는 데 시간과 정력도 많이 소요됐다. '고객' 대부분이 고관대작이니 그에 맞는 예절도 익혀야 했다. 까다로운 그들의 요구사항도 충분히 반영해야 했다. 레가소프는 이런 작업이 예술적 임무와 다르지 않다고 생각했지만 그의 생각은 중요하지 않았다. 예술아카데미는 만족하지 않았고, 레가소프는 요구에 부응하기 위해 더욱 열심히 일했다. 1830년대 후반에 이르면 원래 하던 일에 더해 중국의 안료와 화법을 연구하고, 중국의 민속 관찰 기록을 본국에 보고했다.

귀국 후 고단한 삶

10년은 생각보다 빨리 흘러갔다. 레가소프는 베이징에서 40점 이상의 초상화, 중국인에게 선물한 16점의 그림, 교당과 숙소의 성화를 그렸고, 베이징의 명소와 중국인의 생활상을 담은 수많은 그림을 그렸다. 1840년 10월 제12차 전도단이 베이징에 도착했다. 제11차 전도단은 그들과 함께 겨울을 보냈다. 레가소프는 후임으로 온 칸드라트 코르살린(Kandrat Karsalin, 1809~1883)에게 중국 경험을 전수했다.

1841년 여름 레가소프는 베이징을 떠나, 8월 국경을 넘었다. 상트페테르부르크에 도착해 그동안의 업무를 보고하고, 다음 해 봄 집으로 돌아갔다. 연금을 보장받았지만, 넉넉한 돈은 아니었기 때문에 일자리가 필요했다. 조국을 위해 머나먼 곳에서 힘들게 헌신한 예술가였지만 구직은 어려웠다. 중국에서의 경력은 전혀 도움이 되지 못했다. 몇몇 교육 기관에서 미술 선생을 한 것이 전부였으나 이마저도 오래가지 못했다. 중국으로 가기 전 고단한 삶으로 돌아왔다.

무엇이 문제였을까. 오랜 베이징 생활로 고향의 삶에 적응하지 못해서였을까. 예사롭지 않은 경력에 사람들이 거리를 두었을까. 분명한 건 그에게 고향은 베이징보다 더 외국 같았다. 베이징에서 그는 쓸모가 있었고, 그를 치켜세우는 이들이 있었다. 베이징에 체류하는 러시아인들은 서로 의지하고 도왔다. 가족보다 더 끈끈한 관계 속에서 생활했다. 하지만 귀국 후 전도단 사람들은 흩어졌고, 정교회 소속이 아닌 그는 홀로 남았다. 유럽도 아닌 중국에 다녀온, 그곳의 고관대작을 상대하며 중국의 생활 습관에 익숙해진 러시아인을 주변 사람들은 다른 시선으로 바라봤을 것이다. 조국을 위해 자진해서 베이징에 갔고, 전도단 최초의 예술가로 임무를 수행했지만, 이후 삶은 평탄치 않았다. 1865년 레가소프는 쓸쓸히 생을 마감했다.

조선인을 사진에 담은
레프 이고레프

레가소프 이후 제12차 전도단(1840~1849)에 칸드라트 코르살린, 제13차 전도단(1850~1858)에 이반 치모토프(Ivan Chmutov, 1817~1865)가 예술가로 파견되었다. 이들은 레가소프와 같은 임무를 수행하기 위해 베이징에 상주했다. 중국에서 그린 코르살린의 작품은 거의 남아 있지 않지만, 활발한 작품 활동을 한 치모토프의 작품은 여럿 남아 있다.

그들은 다소의 제약이 있었지만 베이징을 돌아다닐 수 있었다. 19세기 아라사관은 조선 사신단 사람들의 관광 명소였기에 조선인과 접촉하기도 했다. 제13차 전도단을 호송해 베이징에 잠시 왔다 돌아간 예고르 코발레프스키(Yegor Kovalevsky)는 1853년 2권으로 된 『중국 여행(Путешествие в Китай)』이라는 책을 출간했는데, 두 번째 권에 한 장을 할

북경성 성벽 뒤편의 풍경(상)
Ivan Chmutov, 1855, en.wikipedia.org
(검색일: 2022.11.18.)

한국 관련 내용이 담긴 『중국 여행』
제2권 제14장(하)
Yegor Kovalevsky, 1853, *Путешествие в Китай*,
Koroleva & Co.

ГЛАВА XIV.

Монгольское и корейское подворья. — Связь наша съ Монголами. — Посѣщенія Корейцами и Тибетцами русскаго подворья. — Отмѣна празднества новаго года. — Фейерверки и порохъ въ Китаѣ.

Воро́ны не давали намъ покоя: на зарѣ, когда движеніе и шумъ выживали ихъ изъ Хай-тяна, онѣ улетали на промыслъ по окрестностямъ Пекина, бо́льшею частью въ обширный загородный паркъ, служащій звѣринцемъ. Не знаю, почему вороны стали избрали своимъ постояннымъ передовымъ постомъ нашъ садъ, гдѣ и останавливаются для перваго отдыха и перваго завтрака. У насъ нѣтъ столько вѣтвей въ саду, сколько налетаетъ этихъ пернатыхъ, которыя поднимаютъ такой шумъ, такой крикъ, сшибаясь на деревьяхъ, отнимая другъ у друга кости и всячески уничтожая соперника, что самый водоносъ, спящій, обыкновенно, мертвымъ сномъ, пробуждается отъ этого гвалта. По всей вѣроятности, мы обязаны этимъ милымъ посѣщеніемъ сосѣдству монгольскаго подворья. Это подворье состоитъ изъ обширнаго, ничѣмъ незастроеннаго двора, гдѣ пріѣзжающіе въ Пекинъ Мон-

69

애해 몽골, 한국, 티베트의 이야기를 썼다. 조선인들이 아라사관을 방문한다는 이야기가 담겨 있고, 그들이 해주는 중국과 일본 이야기가 흥미롭다고 기록했다. 또한 청과 조선의 관계를 설명했다. 조선인들이 중화에 자부심이 있으며, 특산품이 인삼이라는 등의 이야기를 소개했다. 다만 그의 책에는 조선인을 만난 구체적인 내용이 없어 아쉽다. 코발레프스키는 전도단 일원이라기보다 정보 수집을 위해 파견됐기에 조선인에 관심이 덜했지만, 베이징에 오는 러시아인들에게 조선인은 그곳에서 만날 수 있는 외국인으로 알고 있었다.

전도단에 발탁된 성직자이자 화가

조선인을 만나 흥미로운 '흔적'을 남긴 인물은 제14차 전도단 소속 화가인 레프 이고레프(Lev Igorev, 1821~1893)이다. 그는 앞서 베이징에 체류했던 3명의 예술가와 사뭇 다른 배경을 가지고 있다. 레가소프, 코르살린, 치모토프는 러시아정교회와 관련 없는 예술가였다. 신앙은 있지만, 전문적으로 종교 교육을 받은 적이 없었다. 반면 이고레프는 정교회 성직자였다. 그는 1821년 사라토프(Saratov)주의 코마로프카(Komarovka)에서 태어나 종교적 분위기가 농후한 가정에서 자랐다. 이고레프의 아버지는 교회 잡일을 도맡아 하는 섹스

턴(sexton)이었고, 그는 1838년에 사라토프 신학교 입학시험에 합격해 6년 동안 공부했다. 그림에 재능이 있던 그에게 예술가로의 길이 열리기 시작한 것은 사라토프의 주교 블라디카 야코프(Vladyka Yakov)가 참석한 수업에서 주교의 초상을 그리면서부터였다. 이후 완성된 초상화는 야코프 주교에게 전해졌다. 주교는 크게 기뻐하며 그의 재능을 높이 샀다. 이를 계기로 이고레프는 1844년 야코프 주교의 지원을 받아 상트페테르부르크 신학교에 진학했다.

수도에 있는 신학교로 진학한 목적은 단 하나였다. 미술 공부를 깊이있게 하고 싶어서였다. 그는 신학교 소속으로 예술아카데미에 입학할 수 없었지만, 부원장 표도르 톨스토이(Fyodor P. Tolstoy, 1783~1873)의 승인을 받아, 2년 동안 예술아카데미에서 공부했다. 이고레프는 상트페테르부르크에서 학업을 마치고 교회의 성화나 성직자의 초상화를 그리며 교회 관련 예술 활동에 전념했다. 1855년에는 고향에서 자신이 공부했던 사라토프 신학교의 회화교사에 임명됐다.

1857년 1월, 상트페테르부르크에서 1,600km 넘게 떨어진 사라토프에서 근무 중인 이고레프가 수도로 소환됐다. 제14차 전도단에 선발됐기 때문이다. 예술아카데미 출신이 아닌 그가 선발된 데는 전도단장을 맡은 그리고리 카르포프(Grigory P. Karpov, 1814~1882)가 중요한 역할을 했다. 카

레프 이고레프(Lev Igorev)(좌)
SOAS University of London

그리고리 카르포프(Grigory Karpov)(우)
orthodox.cn

르포프는 사라토프의 정교회 사제 가정에서 태어나, 사라토프 신학교를 졸업하고 사제의 길을 걸었다. 그는 제12차 전도단 일원으로 베이징 선교 사업에 참여한 적이 있었다. 중국어를 자유자재로 구사했고, 후일 『성사제요(聖史提要)』(1860), 『동교종감(東教宗鑑)』(1860), 『신유조성사기략(新遺詔聖史紀略)』(1861) 등 수많은 러시아정교회와 관련한 종교 서적을 중국어로 번역 출판했다. 중국 경험이 풍부한 카르포프가 보기에, 신앙심이 깊고 예술적 재능이 뛰어난 이고레프는 중국 예술 선교에 있어 최적의 인물이었다. 게다가 동향에 같은 신학교 출신이었다. 이고레프는 카르포프의 부름에 응했다. 상트페테르부르크에서 카르포프의 지도하에 5개월 동안 중국어를 배우고, 중국 생활을 위한 사전 교육을 받았다.

제2차 아편전쟁으로 중단된 베이징행

1857년 4월 제14차 전도단은 모든 준비를 마쳤다. 상트페테르부르크에서 출발해, 6월 청과 러시아의 변경지역인 이르쿠츠크에 도착했다. 하지만 바로 국경을 넘을 수 없었다. 1856년 애로호사건으로 제2차 아편전쟁이 터졌기 때문이다. 제1차 아편전쟁으로 홍콩섬이 영국에 할양되고 광저우, 샤먼, 푸저우, 닝보, 상하이가 개항했다. 개항장에 서구 열강은 나라 안의 나라라 할 수 있는 조계 설치를 보장받았다. 하지만 자신들이 생각한 만큼의 이익을 거두지 못하면서 전쟁이 다시 일어났다.

이고레프가 이르쿠츠크에 도착했을 때는 애로호사건 이후 영국이 프랑스, 미국, 러시아에 지원을 요청하며 본격적인 전쟁을 준비하는 시기였다. 러시아는 이를 거부했으나 상황을 관망하며, 여차하면 영국 편에 설 태세였다. 언제 청이 적국이 될지 모르는 상황에서 베이징에 갈 수 없었다. 이고레프가 이르쿠츠크에 머무는 동안 전세는 청에 불리하게 돌아갔다. 1857년 12월 영국과 프랑스 연합군은 광저우성을 점령했고, 개항장이었던 닝보, 상하이를 공략하며 북상했다. 1858년 4월, 청의 수도 베이징에서 150km 정도 떨어진 톈진 해상 방어의 핵심 기지인 다구커우(大沽口) 밖 해상에서 주둔하며 청과 교섭을 시도했으나 협상은 결렬됐다. 5월 말 영·프 연합군은 다구커우를 공격하고, 톈진을 점령하였다.

이제 베이징만 남았다. 톈진에서 베이징은 뱃길로 하루, 도보로 3~4일이면 도착할 수 있는 거리였다. 다급해진 청 정부는 어쩔 수 없이 화의를 맺었다. 영국, 프랑스와 각각 톈진조약을 체결했다. 러시아도 이틈을 타 중재의 공을 내세워 청과 톈진조약을 맺었다. 각국이 각각 체결한 조약 내용은 외교관의 베이징 주재, 외국인의 중국 여행 및 무역의 자유 보장,

톈진조약 체결 장면
제2차 아편전쟁 당시 영국 원정군 사령관 엘긴 백작의 개인비서인
로런스 올리펀트의 책에 수록되어 있다.
Laurence Oliphant, 1860, *Narrative of the Earl of Elgin's Mission
to China and Japan in the Years 1857, '58, '59.*, vol.1,
Edinburgh and London: William Blackwood and Sons

포교의 자유와 선교사 보호, 추가적 개항장 설치 등 대동소이했다.

국경을 넘어 어수선한 아라사관으로

톈진조약 체결 후 전도단은 국경을 넘어, 1858년 9월 말 베이징에 도착했다. 상트페테르부르크를 출발해 중국의 수도에 도착하기까지 근 1년 반이 걸렸다. 이고레프는 어떤 생각을 했을까. 분명 자신이 생각한 선교 임무는 아니었을 것이다. 전도단의 지위도 모호했다. 전도단의 파견과 베이징 상주 근거는 캬흐타조약이었다. 하지만 톈진조약이 체결되고 비준되면 캬흐타조약은 그 효력을 잃게 된다. 러시아는 전도단의 형태로 사절을 베이징에 상주시키는 것이 아니라, 근대적 조약에 따른 대등한 관계로 외교 사절을 상주시킬 수 있었다. 즉, 오늘날의 대사나 공사처럼 외교관을 파견하는 것이었다.

청이 제공하는 전도단 관소인 아라사관도 어수선했다. 보통 전임 전도단은 신임 전도단이 도착하면 같이 겨울을 보내며 인수인계를 하고 다음 봄이나 여름에 귀국하는 것이 일반적이었다. 그래서 전도단 사람들과 톈진조약 교섭을 위해 러시아 본국에서 파견된 외교관원과 약간의 군인들도 아라사관에 상주해 어수선했다. 당시 모습은 1859년 1월 28일부터

3월 8일까지 베이징에 머물렀던 조선 사절단 서장관 김직연(金直淵)의 눈에 포착됐다.

아라사관(鄂羅斯館)이 황성 안에 있어 5년마다 30여 명이 교대로 와서 머무는데, 감히 제멋대로 관사 밖으로 나갈 수 없는 정해진 법식이었습니다. 작년 가을에 갑자기 70여 명이 와서 머물면서 관사가 비좁다고 하며 열 칸은 되는 건물을 더 짓고는 거리를 제멋대로 다니면서 호기를 부리며 사람을 구타하는데 누구도 어쩌지 못하였습니다. 심지어는 황금색 가마를 만들어 "우리도 이것을 탈 것이다"라고 하여, 한 친왕(親王)이 분을 이기지 못하고 손으로 쳐서 부수었습니다.

_『燕槎日錄』

5년마다 30여 명씩 교대한다는 말은 잘못된 설명이지만, 이전의 러시아인은 아라사관 출입에 제약이 있었으며 중국의 예절을 배우고 자신을 낮추며 베이징에서 지냈다. 하지만 전쟁은 이 모든 것을 바꿔 놓았다. 전도단 사람들은 베이징에 오기 전 러시아에서 사전 교육을 받았지만 외교관이나 군인은 달랐다. 황금색 가마는 황제만 탈 수 있는데 황제가 버젓이 자금성에 있음에도 황금색 가마를 만들었다는 것은 청의 처참한 현실을 그대로 보여준다. 법도는 무너졌고 무질서 그 자체였다.

텐진조약이 전쟁의 끝은 아니었다. 청은 텐진이 점령당해 급히 화의를 맺었지만, 강경파들은 불만이 가득했다. 영국과 프랑스도 만족하지 못했다. 더 큰 이익과 응징이 필요했다. 텐진조약은 체결만 되었을 뿐, 각국에서 비준을 받지 못하고 있었다. 다시 전쟁의 불길이 솟아올랐다. 1860년 9월 18일 베이징 근교의 통저우(通州)가 함락당했고, 3일 뒤 함풍제는 베이징을 버리고 열하로 몽진했다. 10월 13일, 영국과 프랑스 연합군은 베이징성에 입성했다. 성 곳곳에서 불길이 치솟고, 약탈이 횡행했다.

베이징이 농락당한 상황에서 청은 더 이상 버틸 수 없었다. 10월 말 텐진조약을 비준하고, 텐진을 추가 개항하며, 막대한 배상금 등 추가 내용을 담은 베이징조약을 영국, 프랑스, 러시아와 각각 체결하였다. 아라사관은 본래 청 황제의 은혜로 제공되고 관리되던 곳이어서 중국의 천하질서가 작동하는 공간이었다. 텐진조약과 베이징조약에 따라 아라사관은 이번원의 관할에서 러시아 정부에 예속된 공간으로 그 성격이 변했다.

1861년 여름 발루섹(L. de Balluseck)이 초대 러시아공사로 베이징에 부임하면서, 공간의 실제적 변화가 일어났다. 공사관이 된다는 것은 종교적 공간에서 정치적 공간으로의 변

1901년 러시아공사관(구 아라사관)을 경호하는 러시아 병사
아라사관은 톈진조약(1858)과 베이징조약(1860)에 따라
청 관할에서 러시아 관할이 되었다.
Library of Congress(United States)

화를 의미했다. 이전의 아라사관은 러시아정교회 성직자가 파견되며, 종교적 부분이 주를 이루고 정치적 부분은 배후에서 움직였다. 하지만 공사관이 된 이상 종교적 부분은 제거될 수밖에 없었다. 이 문제는 간단하지 않았다. 러시아 외무부와 정교회 간의 협의가 필요했다. 기존의 아라사관은 어떻게 사용할 것인지, 정부의 지원으로 정교회 베이징 선교를 지원할 것인지 등 복잡한 문제가 많았다. 이 문제는 제14차 전도단이 철수하게 되는 1863년에야 일단락됐다. 예전 아라사관은 북관과 남관이 있었는데 남관을 공사관으로 사용하고, 정교회가 북관을 사용하기로 한 것이다. 전도단의 파견 문제는 외무부에서 더 이상 관여하지 않기로 정리됐다. 러시아의 대중국 정책에서 종교와 정치가 완전히 분리된 것이다.

사진 속에 남은 조선인을 만난 흔적

청의 수도이자 황제의 도시인 베이징이 서양인에게 활짝 열리는 순간을 이고레프는 직접 경험했다. 상황은 이전과 크게 달라졌지만, 아라사관에는 변함없이 '단골손님'이 찾아왔다. 바로 조선인들이었다. 제2차 아편전쟁으로 어수선했던 시기 조선 사신단이 아라사관을 찾아가기는 쉽지 않았다. 외교관이며 군인들이 드나들었고, 청을 침략한 사람들이 조선에 무슨 일을 저지를지 몰랐다. 베이징조약 이후 함풍제가 열하에서 죽었고 황위를 이어받은 동치제가 수도로 돌아오고 나서야 베이징은 점차 안정됐다. 그러자 베이징을 방문한 조선인의 호기심이 슬며시 표출되며 예전의 관광 명소 아라사관을 찾는 이들이 있었다.

이고레프는 조선인 방문객을 만났다. 그 흔적은 영국 런던대학 SOAS(School of Oriental and African Studies)에서 찾을 수 있다. 한국 최초의 사진으로 여겨지는 6장의 사진이 SOAS에 소장되어 있다. 원래 영국인 의사이자 런던선교회 소속 선교사였던 윌리엄 록하트(William Lockhart, 1811~1896)의 소장품으로, 조선인 사진과 베이징의 건축과 인물, 풍경을 담은 사진들, 러시아 사진사의 초상 사진이 있다. 그 사진사가 바로 이고레프이다.

록하트가 이고레프를 알게 된 시기는 오랜 중국 선교 활동의 막바지였다. 1811년 리버풀에서 태어난 록하트는 1839년 런던선교회 소속으로 영국에 파견되어 마카오, 홍콩, 닝보 등지에서 의료 선교 활동을 펼쳤으며, 1843년에는 상하이에 서양식 의료진료소를 세웠다. 그는 애로호사건으로 제2차 아편전쟁이 발발하자 1857년 말 귀국길에 올라 전쟁이 끝난 후인 1861년에서야 베이징으로 파견됐다. 1861년 9월 베이징에 도착한 그는 1864년 4월 베이징을 떠나기 전까지 영국과 프랑

조선 사절단 일행이 청을 방문했다가 러시아공사관에서 찍은 사진(좌)
Lev Igorev, 1863, SOAS University of London

윌리엄 록하트(Wlilliam Lockhart)(우)
Wellcome Collection

스공사관 소속 의사로 활동하였다. 서양식 진료소도 세워 운영하였으며 러시아공사관 사람들과도 친하게 지냈다. 1861년 10월 29일에는 러시아공사 부인 마담 발루섹과 러시아정교회 교당을 방문하기도 했다. 그 친분으로 이고레프가 촬영한 사진을 소장할 수 있었다.

이항억의 기록 속 사진 촬영

이고레프가 촬영한 조선인 사진은 저 멀리 영국으로 건너갔다. 그를 만나 사진을 찍은 조선인의 이야기는 한국에 전해졌다. 그 고사는 이항억(李恒億)의 『연행일기』를 통해 알 수 있다. 이항억은 조선인 최초로 사진 촬영 기록을 상세히 남겼는데 『연행일기』에 이고레프라는 이름은 등장하지 않는다. 하지만 이고레프가 베이징에 체류하며 사진 촬영을 하던 시절, 아라사관을 방문해 마법 같은 '그림'을 제작한 이야기가 담겨 있다.

이항억은 조선 사신단의 일원으로 1863년 2월 13일부터 3월 26일까지 베이징에 머물렀다. 베이징을 떠나기 열흘 전인 3월 17일에 일행들과 함께 아라사관을 방문했다. 그곳은 더이상 청의 관리를 받는 공간이 아니었다. 문 앞을 지키고 있는 청나라 사람도 없었다. 조선인을 막는 러시아인도 없었다. 이항억 일행은 편하게 아라사관에 들어갔다. 이리저리 구경하다

방안에 걸려 있는 그림들을 보고 깜짝 놀랐다. 멀리서 사람들이 앉아 있는 줄 알았는데, 가까이 가서 보니 초상화를 걸어 둔 것이었다. 마치 살아있는 사람으로 착각할 만큼 선명하고, 털 하나하나까지 정교했다. 이항억 일행은 이를 제작한 러시아인에게 "진상(眞像)을 모사(模寫)"해 달라고 청했다. '본뜰 모(模)', '베낄 사(寫)', 본을 떠 베낀다는 뜻으로 초상화를 그려 달라는 이야기였다. 그러자 그 러시아인은 밝은 날에만 가능하니 다음 날 다시 오라고 했다.

다음 날 아라사관을 다시 찾으니, 어제 그 러시아인이 장비를 준비하고 기다리고 있었다. 이항억은 그가 누구인지 몰랐지만 바로 이고레프였다. 사진술은 최신 기술로 익히기 상당히 까다로웠고, 장비도 고가여서 소수의 사람만 즐기던 활동이었다. 이고레프는 1863년 베이징을 떠났는데, 당시 러시아공사관에서 사진술을 구사할 수 있는 유일한 사람이었다. 전후 사정을 볼 때 이항억이 '모사'를 요청한 러시아인은 이고레프가 분명하다.

복잡다단한 최신식 '모사' 기술

이항억은 이고레프에 이끌려 이상한 기계 앞에서 겪은 마법같은 '모사' 경험을 기록으로 남겼다.

사람의 상(像)을 그리는 사람이 나와서 맞이했다. 같이 온 이들 중에 내가 나이가 제일 많아 먼저 진상을 모사하게 했다. 그 사람은 탁자 하나를 내놓았다. 탁자의 모양은 우리나라의 말안장거리 모양 같았는데, 가로 나무의 양 머리에 유리로 장식하고, 청색 보자기로 탁자의 앞머리를 덮었다. 그러고는 나를 탁자의 뒤쪽에 앉혀서 움직이지 말게 하고는 입으로 주문을 두어 번 중얼거렸다. 주문이 어떤 식으로 말하는지 알지 못했다. 작업이 끝날 즈음 방 안으로 되돌아 들어왔다. 조금 뒤에 나가 보니 그 사람은 탁자 앞머리를 덮었던 유리를 뽑고는 머리를 숙이고 서 있었다. 그윽이 있다가 유리를 되꽂고 어떤 것인지 알지 못하는 물건을 품속에 품어 사람들에게 보이지 않게 하였다. 다시 방 안에 서서 등불을 켜두고 서서는 유리 한 조각을 항아리 물에 담갔다가 즉시 꺼내어 보여 주었다. 나의 전면이 유리면에 옮겨져 있는데, 70% 정도 옮겨진 것이 아니라 전신이 다 옮겨졌다. 다시 방 안 탁자의 정결한 곳에 놓고는 채색 있는 보자기로 덮었다가 다시 또 꺼냈다. 박홍명·오상준도 차례로 진상을 모사했는데, 그 절차는 한결같이 앞서와 같았다. 나의 진상을 모사할 때는 앉아서 움직이지 않았기 때문에 요량해서 볼 수가 없었으나, 박홍명·오상준을 모사할 때는 그 사람이 도로 갱중에 들어간 때를 틈타서 탁자 앞머리에 덮인 보자기를 들고는 머리를 숙여 보았더니 저쪽에 앉은 박홍명이 탁자 앞머리에 있는 유리의 면에 거꾸로 서 있었다. 전체 모양이 아주 상반되었다. 기이하다. 이 무슨 술법인고! 입으로 주언을 중얼거리는 것은 아마도 환신(幻身)의 법인가. 그 사람은 "화상(畵像) 지금은 가져갈 수 없소. 수삼일 뒤에 다시 와서 찾아가시오"라고 말했다.

_『燕行日記』

그런데 아무리 봐도 초상화를 그리는 작업 같지는 않다. 이 작업을 이해하기 위해서는 사진의 역사를 살짝 들춰봐야 한다.

빛의 노출을 통해 영구한 이미지를 남기는 세계 최초의 사진을 만든 사람은 조세프 니에프스(Joseph N. Niepce)였다. 1826년 8시간의 노출을 통해 최초의 사진을 촬영하는 데 성공했다. 하지만 이미지를 얻는 데 8시간은 너무 길었다. 루이 다게르(Louis J. M. Daguerre)는 니에프스와 협업하여 은으로 도금된 동판을 요오드가 담긴 용기 위에 놓아 노출하여 8시간을 몇 분 내로 단축했다. 그뿐만 아니라, 수은 증기를 통해 사진을 인화하는 '다게레오타이프' 사진술을 개발했다. 획기적으로 촬영 시간을 줄였으나 한계가 있었다. 사진 한 장을 인화하고 나면 끝이었다. 마치 즉석 사진처럼 말이다.

윌리엄 탤벗(William H. F. Talbot)은 1840년 사진을 여러 장 얻을 수 있는 칼로타이프(Calotype) 방식을 통해 복제할 수 있는 방법을 고안했다. 하지만 다게레오타이프 방식에 비해 선명도가 떨어졌다. 사진술의 개발은 경쟁적으로 이루어졌다. 1851년 프레데릭 아처(Frederick S. Archer)는 다게레오타이프의 선명도와 칼로타이프의 복제성의 모두 갖춘 콜로디온(Collodion) 습판방식을 개발했다. 몇 초 동안의 노출을 통해 사진을 얻을 수 있으며, 여러 장의 사진을 인화할 수 있었다. 이 엄청난 방식은 유리판에 콜로디온 유제를 칠하고, 질산은 용액에 담가 감광처리를 한 후 노출하여 상을 얻었다. 그리고 유제가 마르기 전에 유산염으로 현상한 뒤에 정착과 수세와 건조 과정을 거쳐 유리 네거티브를 완성했다. 이 유리판은 알부민 종이에 인화할 수 있었다. 『연행일기』에서 "방 안에 서서 등불을 켜두고 서서는 유리 한 조각을 항아리 물에 담갔다가 즉시 꺼내어 보여 주었다"는 작업이 바로 현상·정착·수세의 과정이었다. 수삼일 후에 오라고 한 것은 건조와 인화 작업이 필요했기 때문이다.

설명이 상당히 번잡하다. 알아듣기 어려운 화학물질 투성이며, 사진을 얻기까지 단계도 많았다. 당시 사람들이라고 다르지 않았다. 어려운 건 마찬가지였다. 콜로디온 습판방식은 많은 장비를 필요로 했고, 액체 처리 등 까다로운 과정을 능숙히 다루어야 했다. 그래도 관련 전문서적들이 여럿 나오고, 배우는 사람이 늘어났다.

초창기 사진술의 복잡성을
잘 보여주는 암실 풍경

Gaston Tissandier, 1874, *Les Merveilles de la Photographie*,
Paris: *Librairie* Hachette et Cie

이고레프가 이 복잡한 첨단 기술을 어디서 배웠는지 알 방도는 없다. 다만 이고레프가 베이징 선교를 준비할 때 상트페테르부르크에 이미 사진 스튜디오가 있었다. 당시 러시아에서는 민족지학과 인류학에 관한 관심이 높았고, 사실주의 예술이 1850~1860년대에 유행하면서 사진은 큰 관심을 모았다. 러시아 예술아카데미는 이국 풍경을 많이 가져오는 것이 중요했고, 외교 당국은 다양한 정보를 수집하는 것이 필요했다. 사진은 이런 필요를 충족시켜 줄 수 있었다. 그런데 콜로디온 습판방식은 많은 장비가 필요했다. 베이징에는 사진관이나 중국인 사진사가 아직 없었기에 장비를 현지에서 직접 조달하기 어려웠다. 미리 준비를 하지 않고 베이징에 왔다면 사진 촬영은 불가능했다. 이고레프는 전도단의 필요로 사진술을 익히고 장비를 챙겨 베이징에 왔을 것이다.

소수의 기술자만 콜로디온 습판방식을 다룰 수 있었지만, 선명하고 복제가 가능한 촬영기법이 개발되면서 사진술이 유행했다. 서양인들은 세계 곳곳에서 카메라를 들이댔다. 이항억도 그러한 시대적 조류 속에서 우연히 이고레프를 만나 최첨단의 기술을 접하고 사진을 남긴 것이다. 이항억은 사진을 받은 날 다음과 같이 기록했다.

나의 진상을 본뜬 화본(畵本)도 또한 찾아왔는데 한 작은 조

아라사관에서 촬영한 조선인 단체사진
Lev Igorev, 1863, SOAS University of London

각에 불과했다. 악라사 종이 위에 완전한 진면모가 완연히 있었다. 다만 피부색이 본떠지지 않았다. 대개 피부색을 내기 위해은 수십 냥이 필요하다고 한다. 이것은 이국의 기술이라 배울 수 없는데, 이미 본뜬 상은 불에 태워져 입수할 수 없고 상자 속에 보관했다. 역관 십 수 명도 또한 모두 본떴다. 관초도 또한 본뜨기 위해 이경환(李景煥)과 두어 차례 갔으나 마침 그 사람이 없을 때를 만나 본뜨지 못했다.

_『燕行日記』

이항억은 사진을 받고 실망했다. 사진 크기가 매우 작고, 흑백이었기 때문이다. 초상화를 흑백으로 그려 주는 경우가 대체 어디 있단 말인가. 형상은 선명했지만, 사진을 처음 보고 깜짝 놀랐을 때 기대했던 모습과는 달랐다. 그래도 역관 수십 명이 아라사관으로 몰려들었다.

성직자로 소명을 다하다

이고레프는 외교관원이 아니라 캬흐타조약에 따라 파견된 전도단 일원이었다. 그런데 이제 시대가 바뀌어 베이징에 오래 머물 이유가 사라졌다. 10년을 계획하고 왔지만, 1863년 말 베이징을 떠나 귀국길에 올랐다. 시베리아를 횡단해 3개월 만에 상트페테르부르크에 도착했다. 이후 그는 성당의 성화를 그리며 교회에 헌신했다. 성직자들의 초상화를 그리기도 했다. 현존하는 한국 최초의 사진을 남겼지만, 귀국 후 사진 활동을 했다는 기록은 전하지 않는다. 러시아에서는 사진이 인기가 없어서였을까. 사진보다는 그림이 여전히 더 인기가 있었을까. 그렇지 않다. 사진술은 다른 유럽 국가와 마찬가지로 러시아를 강타했다. 스코틀랜드계 예술가이자 러시아 사진으로 유명한 윌리엄 캐릭(William Carrick, 1827~1878)의 활동이 러시아에서 사진 유행을 잘 보여준다. 캐릭은 에든버러에서 태어났지만, 10대 후반 가족이 상트페테르부르크로 이사하면서 러시아 예술아카데미에서 공부했다. 1853년 졸업 후에는 로마로 떠나 미술을 공부했고, 사진의 유행을 접하며 1857년 에든버러에서 사진작가 존 맥그리거(John MacGregor)로부터 사진술을 배웠다. 이후 1859년 초 상트페테르부르크에 사진 스튜디오를 열고, 러시아인의 생활상을 렌즈에 담았다. 그는 유명세를 타며 니콜라이 1세의 후원을 받았다. 1876년에는 러시아 예술아카데미 사진가(Photographer of the Russian Imperial Academy of Arts)라는 칭호까지 얻었다.

이고레프는 러시아에서 사진이 유행하던 초기에 사진을 배웠고, 베이징에서 돌아왔을 때 사진의 인기는 날로 더해 갔다. 그는 베이징에서의 경험을 살려 명성을 키울 수 있었다. 하지만 유명세보다 본분을 택해 사진 대신 그림을 그렸다. 성직자로 화가로 그에게 가장 중요한 일은 성화를 그리는 것이었다. 사진이 성화를 대체할 수는 없었다. 화가들의 주요 수입 중 하나는 초상화였으나, 사진이 빠르게 그 자리를 대체했다. 이고레프가 사진에 대해 어떤 감정을 가졌는지는 알 수 없지만, 그는 화가였다. 베이징 전도단 파견 전 선교 임무를 위해 사진을 배웠을 뿐 귀국해서는 성직자 화가로만 활동했다. 그것이 그의 소명이었다. 이고레프는 1893년 12월 29일 세상을 떠났다.

제3장

각양각색의 서양인들로 붐비는 베이징

베이징에 등장한
의사, 지질학자, 통역관

이항억 이후에는 러시아인 관소를 방문하고 기록을 남긴 조선인은 없었다. 이고레프가 귀국한 후, 얼마 안 있어 제2대 러시아공사로 블랑갈리(Alexander G. Vlangali, 1824~1908)가 부임하며, 아라사관을 공사관으로 활용하기 위한 공사를 진행했다. 공사 기간 동안 조선 사신은 그곳에 갈 수 없었고, 이후 조선에 가해지는 서양 열강의 압박이 강해지며 자연스레 발걸음이 끊겼다.

하지만 러시아인의 셔터는 멈추지 않았다. 조선인을 촬영한 이가 또 있었다. 1870년 미국의 지질학자 라파엘 펌펠리(Raphael Pumpelly, 1837~1923)가 펴낸 『아메리카와 아시아 횡단(Across America and Asia)』이라는 여행기에 흥미로운 그림이 실려 있다. 이 책의 제22장에 조선인 3명의 초상 삽화가

라파엘 펌펠리(Raphael Pumpelly)
nl.wikipedia.org(검색일: 2022.11.18.)

실려 있다. 이 삽화는 원본 사진에 기초해 그려진 것으로, 펌펠리는 그 사진을 러시아공사관의 포고제프(P. Pogojeff) 의사로부터 얻었다고 했다. 포고제프는 1863년 11월 블랑갈리를 따라 베이징에 온 의사였다.

서양인에게 베이징은 척박한 땅이었다. 제2차 아편전쟁 이전에는 자유로이 거주할 수 없는 황제의 도시였다. 톈진조약으로 외국인이 자유롭게 살 수 있게 된 지 몇 년 지나지 않았다. 문화도 서양과 완전히 달랐고, 서양인들이 만족할 만한 인프라도 없었다. 베이징이 서양인에게 열린 초기인 1860년대는 다른 개항장처럼 마음대로 건물을 짓고 도로를 깔며 활용할 수 있는 조계지가 있던 것도 아니었다. 공사관 내부는 청이 관여할 수 없었지만, 공사관이 몰려 있는 사관구(使館區)는 청이 관리했다. 이런 상황에서 아프면 큰일이었다. 공사관 관원의 건강을 돌볼 의사가 필요했다. 그것이 포고제프가 낯선 이국 땅 베이징에 온 이유였다.

당시 베이징에는 록하트가 개원한 서양식 병원이 있었다. 이 병원은 런던선교회가 운영했고, 존 더전(John Dudgeon, 1837~1901)이 원장을 맡았다. 더전은 스코틀랜드 태생으로 에든버러 대학에서 의학을 공부했으며, 런던선교회 소속으로 베이징에 왔다. 록하트의 후임으로 의료 선교활동을 했다. 청이 외국어에 능한 인재 양성을 위해 세운 동문관(同文館)에서 의학을 가르치기도 했다. 베이징에서 활동하던 의사로 더전 이외에 포고제프와 프랑스공사관의 조르주 모라쉬(Georges A. Morache, 1837~1906)도 있었다. 이들은 서로 가깝게 지내며 서로 도왔다. 1860년대 베이징에 거주하는 서양인이 수십 명에 불과했기에, 이질적인 도시에서 가까이 지내는 것은 자연스러운 일이었다.

1879년경 사관구
베이징 충원먼(崇文門)에서 촬영한 것이다.
사관구는 동서를 가로지르는 길인 둥자오민항(東交民巷)의 남북으로 위치했다.
톈진조약(1858)이 체결된 지 20년이 지났지만,
다른 개항장의 조계지와 달리 서양식 시설이 보이지 않는다.
Lai Afong(黎芳), Cornell University Library

러시아 의사 포고제프

포고제프, 더전, 모라쉬 세 사람은 모두 의사였고 사진에 열정적이었다. 환자를 유심히 관찰하듯, 바깥세상에 관심이 많았다. 그들의 호기심은 조선인에게도 닿았다. 포고제프와 모라쉬는 조선인을 직접 촬영했다. 사진은 현재 전해지지 않지만, 다른 이의 글에 삽화로 실려 전한다.

포고제프에 관해서는 알려진 바가 거의 없다. 1860년대 전반 베이징에서 그를 만난 사람들의 기록을 통해 그의 면면을 엿볼 수 있을 뿐이다. 포고제프가 러시아공사관의 첫 의사는 아니었다. 발루섹이 초대 공사로 부임할 때 본국에서 따로 파견한 의사는 없었지만, 이고레프의 제14차 전도단 소속 의사였던 코르니예프스키(P. A. Kornievsky, 1833~1878)가 러시아공사관의 의사로 소임을 다했다. 포고제프는 그의 후임으로 부임했다.

1858~1871년 영국 외교관으로 러시아, 일본에서 근무한 바 있는 앨저넌 프리먼-미트포드(Algernon Freeman-Mitford, 1837~1916)는 베이징에서 근무할 때 포고제프와 3주 동안 몽골 여행을 다녀올 정도로 가깝게 지냈다. 그는 포고제프에 대해 오데사(Odessa, 우크라이나 남부 도시) 출신으로 매우 영리하고 좋은 친구였다고 평했다. 포고제프는 사진에 열정적이

었고, 시간이 날 때마다 여행을 다니며 중국 곳곳의 풍경을 렌즈에 담았다. 베이징을 벗어날 때면 언제든 번잡한 촬영 기구를 가지고 나갔다. 한번은 런던선교회 선교사 윌리엄 번스(William C. Burns, 1815~1868)가 선교 활동을 하던 촌락을 환자 치료차 방문했는데, 번스의 요청으로 그의 사진을 찍어 준 적이 있다. 1864년 4월, 포고제프는 펌펠리와 장성(長城)을 함께 여행한 적이 있는데, 창핑(昌平) 난커우(南口)에서 사진을 찍기 위해 며칠을 머무르기도 했다.

포고제프는 1863년 말부터 1866년까지 3년 동안 베이징에 머물렀다. 사진에 대한 열정은 조선인을 촬영하기에 이르렀다. 펌펠리는 『아메리카와 아시아 횡단』에 수록된 3명의 조선인 삽화를 설명하며 "포고제프가 조선 사신단 중 몇몇 사람의 사진을 찍는 데 성공했다"고 말했다. 성공했다는 말은 무언가를 시도해 결과물을 얻었다는 얘기다. 즉, 포고제프는 조선인을 찍고 싶어 조선 사신단에게 적극적으로 다가갔을 것이다. 삽화의 인물들이 이항억처럼 아라사관을 스스로 찾아가 찍은 것은 아닐 것이다. 당시 러시아공사관은 재건축 작업 중으로 공사는 1865년까지 계속됐기 때문이다. 이항억의 『연행일기』는 조선인이 러시아인 관소를 찾아간 기록이 있는 마지막 연행록이었다. 1894년 마지막 연행록인 김동호(金東浩)의 『연행록』에 이르기까지 수십 종의 연행록이 전해지지만, 러시아공사관

『아메리카와 아시아 횡단』에 실린 난커우(南口) 삽화

Raphael Pumpelly, 1870, *Across America and Asia: Notes of a Five Years' Journey around the World and of Residence in Arizona, Japan and China*, New York: Leypoldt & Holt

(아라사관)을 방문한 이야기는 더 이상 나오지 않는다.

서양인들은 베이징에서 활동이 자유로웠기에 길거리에서 조선인과 우연히 마주치는 일이 흔했다. 게다가 러시아 전도단이 꽤 오랫동안 베이징에 머물렀기에, 포고제프는 조선인이 매년 사행을 온다는 사실을 알고 있었다. 그때를 기회로 잡아 베이징의 일상적인 풍경이 아닌 조선인을 촬영하고 싶지 않았을까. 마침 조선 사신이 머무는 숙소는 러시아공사관과 가까웠다. 사진은 이항억이 마법이라 느낄 만큼 신기한 물건이었기에, 바로 다음에 온 사신단에도 사진에 관한 소문이 쫙 퍼졌다. 사신단 일원 중 누군가가 포고제프의 제안을 받았다면 호기심을 억누르기는 쉽지 않았을 것이다.

포고제프가 조선인들을 촬영한 때는 1863년 여름부터 1864년 봄 사이였다. 이때는 펌펠리가 베이징에 머물던 시기로, 베이징을 방문한 조선 사신단으로는 매년 정기적으로 파견되는 삼절연공사가 유일하다. 정사는 조연창(趙然昌), 부사는 민영위(閔泳緯), 서장관은 윤현기(尹顯岐)였다. 이들의 베이징 체류 기간은 정확히 알 수 없으나, 보통 정기 사행의 경우 1월 말이나 2월 초에 도착해 3월 중순 베이징을 떠나 귀국길에 올랐다.

미국인 지질학자 라파엘 펌펠리의 탐험

펌펠리는 조선인 삽화 1장에는 '한국 대사(THE COREAN EMBASSADOR)'라는 이름을 붙였고, 나머지 두 장에는 '한국 대사의 수행원(ATTENDANTS OF THE COREAN AMBASSADOR)' 이라고 썼다. 그리고 이들의 복장에 관해 '대사의 옷은 명나라 양식과 유사하고, 수행원들은 면을 누빈 하얀색을 옷을 입고 있으며, 상투를 틀고 말총으로 만든 모자를 쓰고 있다'고 짧게 묘사했다. 한국은 조선을 의미하고, 대사라면 국왕을 대표하는 자로 정사나 부사일 것이다. 또한 사모를 쓰고 관복을 입고 있다고 했다. 조연창일까, 민영위일까? 펌펠리가 그들을 직접 만난 것이 아니니 단정 짓기 어렵다.

러시아공사를 따라온 포고제프는 베이징에서 조선인을 만났고 사진을 찍었다. 그리고 지질학자인 펌펠리가 그 사진을 얻었다. 펌펠리는 공사관 업무 때문에 온 것일까? 지질학자이니 미국 정부가 중국 내 광산 개발을 위해 파견했을 것 같지만, 전혀 그렇지 않다. 그는 공적 업무가 아닌 사적 호기심으로 베이징을 방문했다. 앞서 언급했듯 1860년대 베이징은 서양인이 지내기 편한 도시가 아니어서 공무가 아니라면 방문하는 이들이 거의 없었다. 1870년대가 되어서야 서양인 방문객이 조금씩 늘었다. 1860년대 베이징으로 여행 오는 이들은

THE COREAN EMBASSADOR.

ATTENDANTS OF THE COREAN AMBASSADOR.

조선인 사신단

Raphael Pumpelly, 1870, *Across America and Asia: Notes of a Five Years' Journey around the World and of Residence in Arizona, Japan and China,* New York: Leypoldt & Holt

호기심이 강한 사람들이었다. 탐험이나 학술조사 등 뚜렷한 목적이 있었다. 펌펠리가 그랬다.

펌펠리는 뉴잉글랜드의 깊은 뿌리를 가진 가정에서 태어났다. 부모의 뜻과 달리 미국 대학에 진학하지 않고 대서양을 건너 독일로 건너갔다. 프라이부르크공과대학(Technische Universität Bergakademie Freiberg)에서 석탄의 시대에 걸맞게 광물학을 공부했다. 지질학에도 관심을 가져 1859년 대학을 졸업한 이후, 유럽의 주요 광산 지역을 찾아다니며 배운 지식을 눈으로 확인하며 견문을 넓혔다. 그런 다음 1860년 미국으로 돌아와 전공을 살려 애리조나에서 광업에 종사했다.

서부개척시대, 고향인 미국 동부가 아니라 서부에서 일을 시작했다. 기회의 땅에서 개척은 만만치 않았다. 펌펠리는 텍사스에서 은광을 조사하다 습격당해 멕시코로 도망친 적도 있었다. 그러던 어느 날 뜻밖의 제안이 날아들었다. 일본에서 광산 개발을 해보자는 것이었다. 1861년 4월, 일본 하코다테(箱館) 부교(奉行) 무라가키 노리마사(村垣範正)가 주일 미국공사 타운젠드 해리스(Townsend Harris)에게 에조치(蝦夷地)의 광산 개발을 위한 광산개발자 주선을 의뢰했다. 무라가키 노리마사는 1858년 미국과 체결한 미일수호통상조약 비준서를 교환하기 위해 미국에 다녀온 적이 있었다. 견문을 넓힌 그는 광산 개발의 필요성을 느꼈기에 광산개발자를 요청한 것이다.

해리스는 일본 측 요청을 미국 정부에 전달했다. 미국은 광산개발자를 모집했으나 나서는 자가 없었다. 당시 미국인들은 일본이 어디에 있는지조차 몰랐다. 1853~1854년 페리 원정(Perry Expedition)으로 1854년 미국은 일본과 미일화친조약을 맺었지만, 일본은 미국에 잘 알려진 나라가 아니었다. 문화도 크게 달랐기에 미지의 나라에서 무슨 일이 벌어질지 알 수 없었다. 미국 예일대학교를 졸업하고, 1850년대 지질학자이자 광산개발자로 왕성하게 활동하고 있던 윌리엄 블레이크(William P. Blake, 1826~1910)도 펌펠리와 함께 이 프로젝트에 참여했다

1861년 10월 20일, 펌펠리는 망망대해로 나섰다. 대서양을 건너 다음 해 2월 21일 요코하마에 도착했다. 4개월 걸친 기나긴 여정이었다. 5월 9일 하코다테에 도착해 3차례에 걸려 조사 작업을 진행했고, 마지막 조사 때는 채광 기술을 지도하기도 했다. 12월 4일, 펌펠리의 계약기간이 끝났다.

펌펠리는 블레이크와 함께 일본 내지를 여행하고, 다음 해 2월 말 나가사키에 도착했다. 일본에 올 때는 같이 왔지만, 귀국길은 서로 달랐다. 블레이크는 알래스카를 다녀온 후 미국으로 돌아갔으나 펌펠리는 중국행을 선택했다. 제2차 아편전쟁에서 패하면서 청은 영국, 프랑스, 미국, 러시아와 각각 톈진조약과 베이징조약을 맺었고, 이를 통해 조약을 맺은 국가

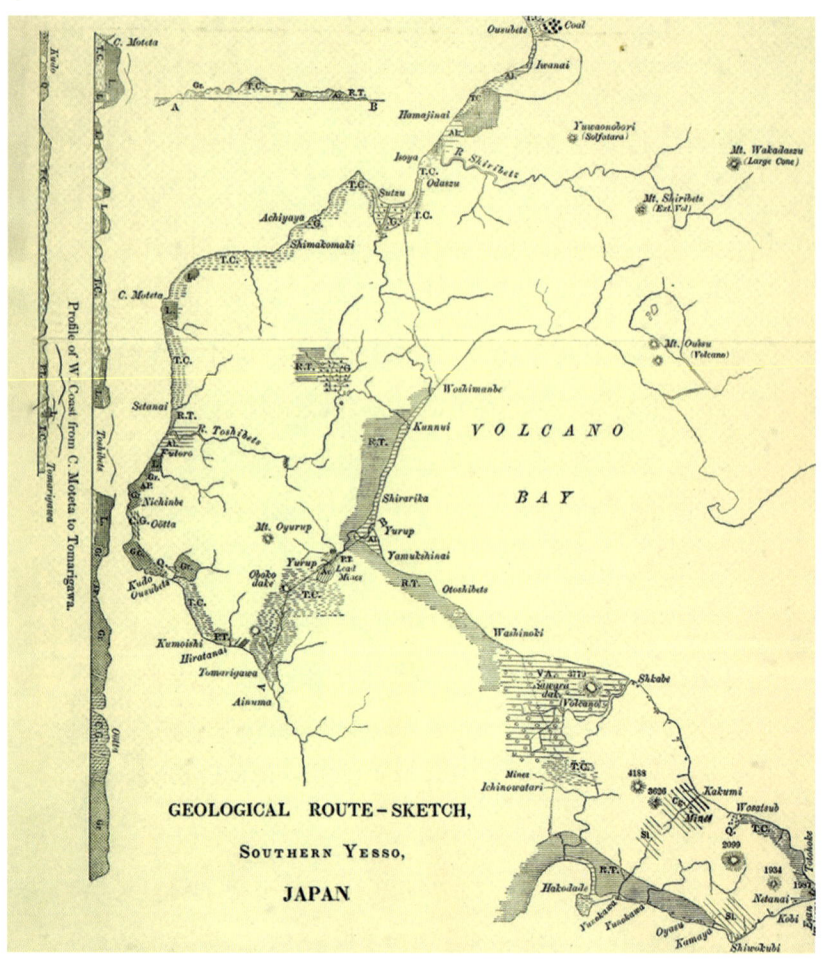

일본 에조치(蝦夷地) 남부 지역 지질도

Raphael Pumpelly, 1870, *Across America and Asia: Notes of a Five Years' Journey around the World and of Residence in Arizona, Japan and China*, New York: Leypoldt & Holt

의 서양인은 중국을 자유롭게 여행할 수 있게 됐다. 중국이 활짝 열린 지 3년도 안 됐지만, 펌펠리는 과감히 중국행을 결정했다. 제1차 아편전쟁 때 개항했던 광저우, 샤먼, 푸저우, 닝보, 상하이 다섯 항구를 제외하곤 중국 땅은 서양인에게 미지의 땅이었다. 하지만 위험을 무릅쓰고 일본에 왔듯 중국에 못 갈 이유가 전혀 없었다.

조선에 관심을 가진 펌펠리

1863년 3월 하순 펌펠리는 나가사키에서 상하이행 범선에 승선했다. '해가 떠오르는 땅(land of the rising sun, 日本)' 일본에 작별을 고했다. 배 위에서 멀어져 가는 일본을 보니 그리움이 밀려왔다. 며칠이 지나자 바다색이 탁해지기 시작했다. 창장(長江)과 황허에서 떠내려온 진흙 때문이었다. 중국에 가까워지고 있다는 증거였다. 넘실대는 파도 위에 저 멀리 흐릿하게 한반도의 해안선이 보였다. 미지의 지리 환경은 지질학자인 펌펠리의 호기심을 자극했다. 당장이라도 달려가 어떤 땅인지 확인하고 싶었다. 하지만 조선은 서양인의 입국을 금하고 있어 눈과 망원경으로만 살필 수 있었다.

어렴풋한 관찰은 후일 논문으로 발전했다. 펌펠리는 미국으로 돌아간 후 1866년 일본, 중국, 몽골의 지질을 조사한 연

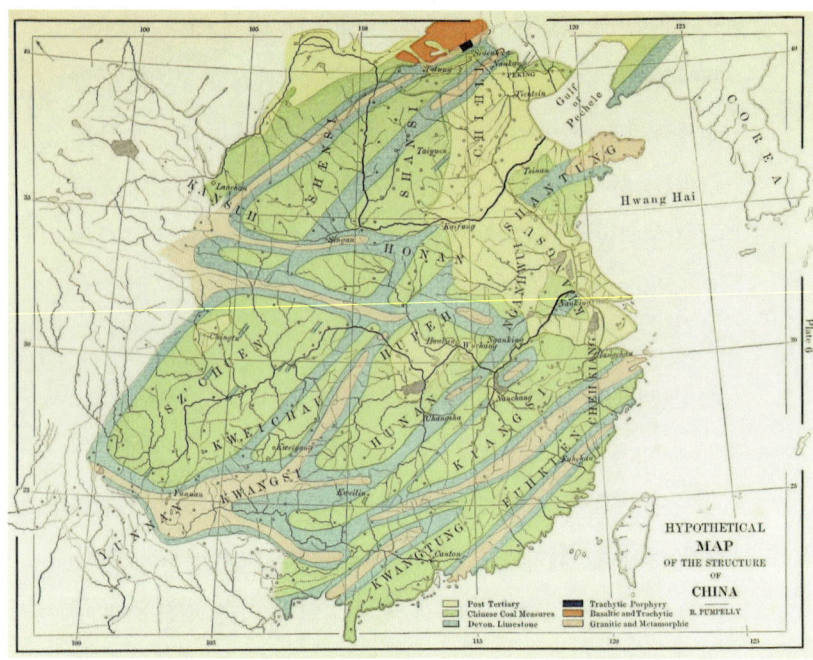

중국 지질 구조에 대한 추정도
펌펠리는 1866년 발표한 글에서 광둥(KWANGTUNG)에서
저장(CHEHKIANG)을 지나는 선이 한반도로 이어진다고 적었다.
Raphael Pumpelly, 1866, *Geological Researches in China, Mongolia, and Japan: During the Years 1862-1865*, Washington: Smithsonian Institution

구 결과를 발표했다. 펌펠리는 근대 중국 지질학의 개척자로 불리기도 하는데, 바로 이러한 연구 성과 때문이다. 그의 글에서 눈에 띄는 주장 중 하나는 광둥(廣東)에서 저장(浙江)을 지나 저우산군도(舟山群島)로 이어지는 지질구조선이 해안선을 따라 나타나며 그 선을 연장하면 산이 많이 보이는 한반도 남단으로 이어진다는 내용이다.

중국과 한반도의 지질구조선이 이어졌다는 추정은 여러 학자들에게 계승되어 발전했다. '실크로드'라는 용어를 처음 사용한 독일의 지리학자 페르디난트 폰 리히트호펜(Ferdinand von Richthofen, 1833~1905)도 중국의 지질구조선이 한반도와 연결되어 있다는 펌펠리의 주장을 받아들였다. 그는 한반도의 함흥에서 남부 지역을 돌아 창장 하구까지 이어지는 라인을 '코리안 커브(Korean curve)'라고 불렀다. 다만 리히트호펜도 한반도를 직접 밟아 보지는 못했다.

현지조사 없이 나온 학설이지만, 펌펠리와 리히트호펜의 주장은 정확했다. 훗날 일본의 지질학자 고토 분지로(小藤文次郎, 1856~1935)는 현지조사를 통해 이를 증명했다.

리히트호펜의 랴오둥 지질도에는 이곳 조사지역과 유사한 지질구조선이 표시되어 있는데, 이 둘은 동일한 지질단위임에 틀림없다. 더욱이 촐노키(E. von Cholnoky)는 최근 여행에서 싼다오커우(三道口) 부근에 있는 동서 방향의 또 다른 산맥에 대해 발표했다. 이 산맥의 지질구조는 내 조사지역과 분명히 같지만 장백산보다는 더 북쪽에 있는 것이라 생각한다. 지질구조선은 퉁화현(通化縣)을 가로질러 주향 경사의 천매암, 편마암, 화강편마암 복합체가 분포하는 철령 부근에 다시 나타난다고 그는 주장했다. 이 산맥은 랴오둥 저지 건너편 이우뤼산(醫巫閭山)에서 계속되는 것으로 생각된다. 이러한 생각은 한 세기 전 조선의 지리학자가 주장한 바로, 그의 주장이 촐노키 박사에 의해 재확인된 셈이다. 지괴의 남쪽 가장자리를 들어 올려 북쪽으로 경사지게 만든 지질학적 사건은 북쪽으로 갈수록 더 최근의 일이다.

_『Journeys through Korea』

고토가 펌펠리의 이름을 언급하지 않았지만, 중국과 한반도의 지질구조선이 이어졌다는 주장은 펌펠리가 최초로 제시했다. 조선 땅을 밟아 보지 못한 펌펠리는 나가사키에서 상하이로 향하는 배편에서 조선 해안을 보며 그렇게 생각했다. 멀리서 보이는 산봉우리들은 그의 학문적 호기심을 자극했으나 직접 내려 확인할 수 없음이 아쉬울 뿐이었다.

펌펠리는 창장을 거슬러 중국 내지까지 탐험한 후 북쪽으로 올라갔다. 1863년 여름에는 베이징을 거점으로 근교의 광산과 만리장성 일대를 조사했다. 그해 겨울도 베이징에서 보냈는데 그때 조선 정기 사신단이 베이징에 왔다. 자신의 궁금증을 풀 수 있는 절호의 기회였다. 조선인들에게 한반도의 지형은 어떤지 물어볼 생각이었는데 하필 천연두가 펌펠리를 덮쳤다. 조선 사신단이 베이징 거리를 거닐 때 펌펠리는 집 밖으로 한 발자국도 나가지 못했다. 병이 낫고 포고제프로부터 사진 몇 장을 얻는 것으로 만족했다.

1864년 봄 펌펠리는 베이징에서 여정을 마무리 짓고 상하이로 향했다. 인도를 경유해 중동과 유럽을 거쳐 미국으로 귀국할 예정이었다. 하지만 인도 경유의 어려움을 느끼고, 시베리아를 경유해 돌아가기로 결정했다. 펌펠리의 친구 토마스 월시(Thomas Walsh)도 동행하기로 약속했다. 토마스 월시는 1859년 동생인 존 월시(John G. Walsh)와 함께 요코하마에 미국인 최초의 기업을 세운 무역상이었다. 회사 이름은 아메리카 넘버원이란 뜻의 아미 이치(Ami-ichi)였다. 1861년에는 프란시스 홀(Francis Hall)이 회사에 합류해 회사 이름을 월시·홀(Walsh. Hall & Co.)로 바꿨다. 이 기업은 차와 비단을 취급하며 크게 성장했다.

토마스 월시는 펌펠리에게 동생이 있는 나가사키에서 여름을 보내고 가을에 떠나자고 했다. 유라시아를 횡단하는 대장정인 만큼 철저한 준비가 필요했고 일본에서 하던 일도 정리해야 했다. 언제 일본에 다시 올지 모르고, 일본을 떠날 때

시모노세키해협을 통과하는 네덜란드 증기선 메두사호
Jacob Eduard van Heemskerck van Beest, 1864, Rijksmuseum

많은 아쉬움이 있었기에 펌펠리는 흔쾌히 제안을 받아들였다. 나가사키에서 생활은 베이징에서 천연두에 걸렸을 때와 비슷한 상황이었다. 1863년 조슈번이 간몬해협을 봉쇄하고, 서양 상선을 포격해 시모노세키전쟁이 일어났다. 그렇다고 나가사키를 바로 떠날 수도 없었다. 시베리아를 함께 건널 월시가 여러 일들로 발이 묶여 있었다. 결국 10월이 돼서야 나가사키를 떠날 수 있었다.

나가사키를 떠나 배를 타고 향한 곳은 상하이가 아닌 텐진이었다. 황해를 가로지르자 이전에 보지 못했던 한반도 서해안이 나타났다. 남해안과는 또 다른 풍경이었다. 하지만 이번에도 한반도에 상륙할 수 없었다. 아쉬움을 달래며 텐진을 거쳐 베이징에 도착했다. 11월 12일 귀국길에 올랐는데 예측하기 힘든 기나긴 초행길이었다. 러시아를 경유해야 했기에 러시아공사 블랑갈리의 소개장도 챙겼다. 펌펠리는 시베리아를 횡단해 유럽에 도착하고 태평양을 건너 미국에 돌아왔다. 그리고 그동안의 경험을 담아 『아메리카와 아시아 횡단』을 출간했다. 펌펠리는 조선인을 만나지 못했지만, 그의 책에서 조선인은 베이징의 한 풍경으로 소개되었다.

프랑스 통역관 가브리엘 드베리아

펌펠리처럼 의사로부터 조선인 사진을 얻은 이가 또 있었다. 프랑스인 가브리엘 드베리아(Jean-Gabriel Devéria, 1844~1899)다. 그는 1876년 프랑스 여행 잡지 『르 투르 뒤 몽드(Le Tour du Monde)』에 「베이징과 중국 북부(Pékin et le Nord de la Chine)」라는 글을 실었다. 여기에는 조선인 삽화 한 장이 실렸다. 『르 투르 뒤 몽드』는 에두아르 샤르통(Édouard Charton)이 1860년에 창간한 여행잡지로, 아쉐트 서점(Hachette Librairie)에서 매주 발행되어 기차역에서 판매되었다. 제국주의 시대에 증기선과 기차의 등장으로 이동이 빨라지고 편리해지면서, 세계 각지의 여행과 탐험에 대한 관심이 높아져 잡지는 큰 인기를 끌었다. 1915년에 폐간됐는데, 1895년까지는 판화 삽화로 이미지를 재현했고, 이후에는 사진을 사용했다. 드베리아가 글을 실었던 1876년은 판화 삽화가 들어가던 시절로, 조선인 이미지도 판화로 재현됐다.

「베이징과 중국 북부」에 조선에 관한 특별한 설명은 없다. 어떤 사건이나 풍경을 묘사할 때 한국이란 단어가 몇 번 나올 뿐 대략의 내용은 다음과 같다. 제2차 아편전쟁 때 톈진의 다구커우(大沽口)에서 청을 굴복시킨 프랑스 장교들을 얘기하며, 이후 벌어진 병인양요를 "불행한 원정"이라 평한다. 청에서 판매되는 수입 면직물 중 대부분은 영국 맨체스터에서 중국 수출용으로 제작된 것이며, 프랑스도 중국 수출을 위해 노력했지만 쉽지 않으며, 영국산에 경쟁력을 가지는 것은 조선 면직물뿐이었다. 아문의 창호에는 기름을 먹인 한지(韓紙)가 쓰였다. 1873년 청 황제 동치제가 근대적 외교 절차에 따라 처음으로 자광각에서 영국, 프랑스, 러시아, 미국, 네덜란드 공사를 접견했다. 자광각은 조선 사신을 비롯한 조공국 사신에게 연회를 베푸는 장소였다. 이것이 드베리아가 한국에 관해 언급한 전부이다.

드베리아는 한국에 관해 자세한 설명을 하지 않았지만, 삽화 한 장을 넣어 이미지를 제시했다. 조선 사신단은 매년 베이징에 왔고, 서양인의 눈에는 베이징의 흥미로운 풍경 중 하나였다. 19세기 말 이탈리아 밀라노에 있는 프라텔리 트레베스(Fratelli Treves) 출판사는 드베리아의 「베이징과 중국 북부」와 사진작가 존 톰슨(John Thomson)의 『중국과 중국인 사진집(Illustrations of China and Its People)』을 이탈리아어로 번역하고 한 권으로 엮어 『중국(La China)』이라는 책을 출간했다. 그런데 「베이징과 중국 북부」에 원래 없던 조선인 삽화 한 장을 더 넣어 마치 베이징 하면 떠오르는 연관어처럼 보여준다.

드베리아는 유명 석판화가인 아실 드베리아(Achille Devéria, 1800~1857)의 아들로 우연한 기회에 베이징에 왔다. 1857년

「베이징과 중국 북부」에 실린 조선인 삽화(좌)
Jean-Gabriel Devéria, 1876, *Le Tour du Monde* vol.31

프라텔리 트레베스에서 출간한 『중국』에 실린 조선인 삽화(우)
Fratelli Treves ed., 1895, *La China: Viaggi di J. Thompson e T. Choutzé*, Milano: Fratelli Treves

**프랑스공사 루이 드 조프루아(Louis de Geofroy)가
자광각에서 동치제를 접견하는 장면**

가운데 두 명의 서양인 중 우측이 조프루아, 좌측이 드베리아이다.
드베리아의 스케치화를 저본으로 제작된 석판화이다.
Le Monde Illustré, 1873.10.4.

13살 때 아버지가 돌아가시면서 상상하기 힘든 미래를 택했다. 제2차 아편전쟁의 결과로 톈진조약과 베이징조약이 체결되면서 더 많은 중국의 개항장이 열렸고, 베이징을 비롯해 곳곳에 외교 사절이 필요했다. 청 관원들은 대부분 외국어를 하지 못하니 파견된 이는 중국어를 잘해야 했는데 문제는 그런 인재가 없었다. 프랑스에서는 이렇다 할 쓸모가 없는 중국어를 누가 배우겠는가. 종교적 신념으로 가득 찬 선교사들 정도만 중국어를 배웠다. 그래서 당국이 고안한 것이 중국에서 일하며 배우는 학생 통역관이었다. 스스로 인생을 개척해야 했던 드베리아는 그 기회를 잡아 1860년 프랑스공사관의 일원으로 중국에 왔다.

첫 파견지는 베이징에서 가까운 톈진이었다. 톈진은 항구도시로 조계지도 있고 서양인 출입이 잦았다. 여러모로 베이징보다 생활하기 나았다. 그는 톈진 프랑스영사관에서 학생 통역관으로 근무하기 시작해, 1870년 2월에는 푸저우에 있는 프랑스영사관의 1등 서기관으로 승진했다. 하지만 푸저우에서 생활은 오래 가지 못했다. 1874년 4월 '톈진교안'이 발생했기 때문이다.

제2차 아편전쟁 이후, 서양인들은 중국에서 선교의 자유를 얻었다. 하지만 천주교를 비롯해 개신교의 여러 종파가 활발하게 선교 활동을 펼치면서 중국 곳곳에서 파열음이 일어났다. 갑자기 서양인 선교사들이 늘어나면서 중국인들과 충돌이 빈번해졌는데 그로 인한 사건을 교안(敎案)이라 부른다. 톈진교안은 19세기 후반 중국 각지에서 일어났던 교안 중 대표적인 사건으로, 1870년 톈진의 천주교 교회가 운영하는 고아원에서 수십 명의 아이들이 전염병으로 죽으며 시작됐다. 본래 교회 고아원에서 아이들을 유괴한다는 유언비어가 무성했는데, 아이들 수십 명이 죽자 교회가 무슨 짓을 저질렀다는 흉흉한 소문이 퍼졌다. 사람들은 교회와 영사관에 몰려가 돌을 던지며 시위했다. 위협을 느낀 프랑스영사가 그들을 물리기 위해 발포했다. 시위대를 해치려 한 것은 아니었으나 사람들이 다치자 이에 분노한 군중은 교회와 공사관을 공격했다. 이때 죽은 서양인만 20명이 넘었다.

서양인이 희생당하자 프랑스를 중심으로 한 서양 열강이 함대를 동원해 무력시위를 하며, 당시 중국의 외무부라 할 수 있는 총리각국사무아문에 강력히 항의했다. 일촉즉발의 상황이었다. 1860년 영·프 연합군의 베이징 침공으로 함풍제가 열하로 도망친 지 10년밖에 되지 않았다. 청은 또 전쟁을 벌일 여력이 없었다. 사건을 해결하기 위해 직예총독 증국번(曾國藩, 1811~1872)을 파견해 교섭에 나섰다. 증국번은 청의 잘못을 인정하고 배상할 것을 약속했지만, 여기서 끝나지 않았다. 청은 당시 톈진에 주재하며 톈진, 우장, 덩저우 등 개항

톈진교안으로 파괴된 애덕(愛德)수녀회(Sisters of Charity) 예배당
John Thomson, 1871, Wellcome Collection

테오둘 드베리아(Théodule C. Devéria)(좌)
commons.wikimedia.org(검색일: 2022.11.18.)

가브리엘 드베리아(Jean-Gabriel Devéria)(우)
en.wikipedia.org(검색일: 2022.11.18.)

장을 관할하던 숭후(崇厚, 1826~1893)를 프랑스에 사절로 보내 사과했다. 드베리아는 숭후 사절단과 동행하며 통역을 도와주는 프랑스 측 관원으로 참여했다. 귀국길이 유쾌하지만은 않았다. 마르세유에 도착했을 프랑스 - 프로이센 전쟁으로 파리로 돌아가는 것이 지체됐기 때문이다. 1871년 1월 말 파리에 도착했지만, 집안의 불운도 있었다. 사진가이자 이집트 연구자인 형 테오둘 드베리아(Théodule C. Devéria, 1831~1871)가 얼마 전 세상을 떠난 것이다.

드베리아에게 조선인 사진을 준 의사 모라쉬

슬픔을 뒤로 하고 드베리아는 1873년 베이징에 있는 프랑스공사관 1등 통역관으로 부임했다. 「베이징과 중국 북부」는 그가 베이징에 부임한 후, 중국 북부 지역을 여행한 경험을 담은 글이었다. 여기서 그 글에 실린 '조선인' 삽화로 다시 돌아가자. 이 삽화 하단에 "모라쉬 의사의 사진을 바탕으로 한 E. 론자의 그림"이라는 설명이 있다. 론자(Étienne A. E. Ronjat, 1822~1912)는 사물을 정확하게 그림으로 옮기는 능력으로 유명한 화가였다. 19세기 중후반 상당히 많은 사진을 책이나 잡지에 판화로 옮겼다. 사진을 인쇄하는 기술이 없었던 것은 아니었으나, 비싼 제작비 때문에 사진 그대로를 책에 담기에는

조르주 모라쉬(George A. Morache)
Bibliothèques d'Universitè de Paris

어려웠다. 대부분의 책과 잡지에 들어간 사진 이미지는 판화로 제작되어 들어갔다.

론자가 옮긴 조선인 삽화의 저본이 된 사진을 촬영한 사람은 모라쉬 의사였다. 모라쉬는 포고제프가 러시아공사관에서 일하던 시절 베이징에서 활동했다. 그는 1837년 프랑스 생드니(Saint-Denis)에서 목사의 아들로 태어났다. 집안의 분위기와 달리 1854년 해군 의과대학에 입학하여 의학을 배웠고, 이후 군의관으로 활동했다. 1864년에 베이징에 파견되어 1866년까지 프랑스공사관에서 일했다.

모라쉬가 베이징에 있을 때, 드베리아는 톈진에서 일하고 있었다. 베이징과 톈진은 100km 정도 떨어져 있었는데 두 도시는 막 개방되어 거주하는 프랑스인이 많지 않았다. 드베리아는 종종 베이징으로 출장을 다녀왔기에 모라쉬와 가깝게 지냈고, 「베이징과 중국 북부」에도 그에 대한 내용이 나온다. 수도 베이징을 둘러싸고 있는 직예성(直隷省)을 설명하면서, 도입부에 학문적 가치가 매우 높은 모라쉬의 저작을 인용하겠다고 밝힌 부분이다. 그 글은 모라쉬가 1869년에 발표한 『베이징과 그 주민들(Pékin et ses habitants)』이었다. 드베리아는 『베이징과 그 주민들』 도입부의 두 번째 단락에서 다섯 번째 단락을 그대로 인용했다. 베이징에 관한 훌륭한 저작이 많았음에도 불구하고, 모라쉬의 글을 인용하며 존경을 표현했다. 그 이유는 모라쉬가 돈 벌 목적으로 사진을 찍지 않았고 오직 과학적 관심과 자신의 경험을 기념하기 위해 사진을 남겼기 때문이다. 모라쉬는 드베리아가 『르 투르 뒤 몽드』에 여행기를 기고하며 적절한 이미지를 찾자, 흔쾌히 자신의 사진을 내줬다. 그중 조선인 사진이 있었고, 그것은 베이징의 한 장면으로 소개되었다.

「베이징과 중국 북부」에 모라쉬는 길을 걷다 우연히 조선 사신의 관소를 목격했다는 이야기만 나온다. 어떻게 사진을 촬영했는지에 대해서는 알 수 없다. 확실한 건 모라쉬의 촬영

장비가 있는 곳으로 조선인이 와 앉아서 사진을 찍었다는 사실이다. 콜로디온 습판기법은 많은 장비가 필요하다. 수세·정착·건조 과정을 거쳐야 해 암실도 필요하다. 사람들의 주목을 받게 되니 북적북적한 길거리에서 촬영은 힘들다. 모라쉬는 자신의 숙소나 프랑스공사관으로 조선인을 불러들여 촬영했을 것이다. 조선인이 모라쉬를 찾아간 이유는 알 수 없지만 종교적 이유, 호기심 등이었을 것으로 추측한다.

모라쉬를 통해 이어진 드베리아의 한국 '인연'은 여기서 끊기지 않았다. 드베리아는 베이징에서 외교관 생활 이후 프랑스로 돌아가 파리대학 부속 동양어학교의 중국어 교수가 되었다. 그가 가르쳤던 여러 학생 중 모리스 쿠랑(Maurice Courant, 1865~1935)이 있었다. 쿠랑은 1888~1890년 베이징에 있는 프랑스공사관에서 드베리아처럼 학생통역관으로 일했다. 1890년 5월에는 서울에 있는 프랑스영사관으로 자리를 옮겼다. 때마침 조선 선교 경력이 있던 뮈텔 주교가 조선 교구장으로 부임했다. 쿠랑은 그의 도움으로 한국 서적을 연구하기 시작했고, 그 결과물로 1894~1901년 총 4권의 『한국서지(Bibliographie Coréenne)』를 출간했다. 이 책에는 3,821종의 도서목록이 실려 있으며, 『직지심체요절』이 처음으로 소개되었다.

호기심과 탐구욕이 넘친 사진가
존 톰슨

　포고제프, 모라쉬 모두 중국 내 서양 외교 공관에서 일했던 사람들이다. 중국에 어느 정도 관심이 있었기에 베이징행을 택했겠지만, 일 때문에 온 사람들이었다. 사진이 본업도 아니었다. 그저 여가생활로 사진 촬영을 했다. 제2차 아편전쟁 직후 개방 초기 베이징을 방문하는 서양인이 적었기에 그들이 아니었다면 진귀한 1860년대 사진이 남아 있지 않았을 것이다. 시간이 흐르며 베이징에 관한 소식이 많이 전해지고, 점차 베이징과 중국 북부에 관심을 보이는 사람들이 늘어났다. 제국주의 확장과 함께 미지의 세계를 개척하고, 무지의 세계를 과학화하고자 하는 욕망이 서양인의 발길을 베이징으로 이끌었다. 전문 사진작가 존 톰슨(John Thomson, 1837~1921)도 그렇게 베이징에 왔다.

싱가포르로 간 존 톰슨

1837년, 영국에서는 새로운 통치자 빅토리아 여왕이 즉위했다. 바로 그해 에든버러에서 톰슨이 태어났다. 돈이 많거나 높은 신분의 집안은 아니었다. 소매상을 하는 집이어서 기술을 배워 자신의 생계를 직접 책임져야 했다. 그는 와트 교육원 및 예술학원(Watt Institution and School of Arts)에 들어가 광학 기술을 배웠다. 사진 기술이 발전하며 크게 유행하던 시기였기에 미래를 위한 탁월한 선택이었다.

1862년 톰슨은 일생일대의 과감한 결정을 내린다. 싱가포르로 떠난 것이다. 싱가포르는 1819년 영국 동인도회사의 스탬퍼드 래플스(Stamford Raffles)가 말레이시아 반도 끝에 있는 섬에 도착해 무역 도시로 개발하면서 서양 세계에 그 존재가 알려졌다. 그리고 1850년에는 인구 6만 명에 이르는 도시로 발전했다. 톰슨은 24살이라는 젊은 나이에 급성장하는 도시에 몸을 던졌다. 이처럼 과감한 결정을 할 수 있었던 것은 형 덕분이었다. 형 윌리엄 톰슨은 그가 가기 몇 년 전 싱가포르로 건너가 선박 사업을 하며, 색 앤 톰슨(Sack and Thomson)이라는 사진관을 운영했다. 처음에는 동업으로 시작했지만, 얼마 지나지 않아 동업자와 결별하고 혼자하기에 버거울 때 동생이 왔다. 천군만마를 얻은 그는 가게명

존 톰슨(John Thomson)
The Wide World Magazine, vol.1(1898)

도 톰슨브라더스(Thomson Brothers)로 바꿨다. 이 사진관은 1867년 셔틀러(Sachtler & Co.), K. 펠리버그(K. Feilberg & Co.), GR 램버트(GR Lambert & Co.) 등의 업체가 진출하기 전까지 싱가포르의 유일한 사진관이었다.

동남아시아를 여행하다

싱가포르에서 톰슨은 주로 서양인의 얼굴 사진이나 가족 사진을 찍었다. 사진관에서의 촬영은 영국에서와 별반 다를 것이 없었다. 그렇게 미지의 도시가 지루해질 즈음 인도와 스리랑카로 여행을 떠났다. 싱가포르로 돌아왔지만 쳇바퀴 도는 생활을 할 생각은 없었다. 그는 싱가포르를 떠나 시암으로

앙코르와트

John Thomson, 1867, *The Antiquities of Cambodia: A Series of Photographs Taken on the Spot, with Letterpress Description,* Edinburgh: Edmonston & Douglas

시암 왕 몽꿋
John Thomson, 1865~1866, National Library of Scotland

이주했다. 그곳에서 시암 고관대작의 초상 사진뿐만 아니라, 시암의 짜끄리왕조의 네 번째 군주였던 몽꿋 왕도 촬영했다. 이후 캄보디아의 앙코르와트를 탐험했다.

톰슨은 20대 중후반을 동남아시아에서 보내고 1866년 영국으로 돌아왔다. 그런데 귀국 직후 뜻밖의 곳에서 일하게 된다. 앙코르와트에서의 경험으로 왕립지리학회의 정식 사진 강사로 채용된 것이다. 런던왕립민족학회(Royal Ethnological Society of London)의 회원이 되었으며 다음 해에는 앙코르와트 등 캄보디아에서 찍은 고대 유적 사진과 이야기를 엮은 『캄보디아의 고대 유물: 현장 사진 연작과 설명(The Antiquities of Cambodia: A Series of Photographs Taken on the Spot, with Letterpress Description)』을 펴내 호평을 받았다. 동남아시아에서 쌓은 경험은 젊은 톰슨에게 명성을 안겨줬다.

서양인이 몰려든 홍콩에 정착하다

톰슨은 영국 생활 1년 만에 다시 싱가포르로 떠났다. 하지만 그곳은 경유지에 불과했으며, 최종 목적지는 영국 식민지 홍콩이었다. 영국은 제1차 아편전쟁 승리로 홍콩섬을, 제2차 아편전쟁 승리로 주룽(九龍)반도를 할양받았다. 1860년대 이

홍콩 항구

John Thomson, 1868, Wellcome Collection

전 홍콩의 발전은 상당히 더뎠다. 중국 남부에서 태평천국운동이 일어나 홍콩으로 피난 온 중국인들이 정착하면서 상황이 다소 나아졌으나, 서양인의 투자는 미비했다. 제1차 아편전쟁으로 늘어난 개항장은 기대했던 만큼의 무역량의 증가를 가져다주지 않았다. 더위와 풍토병, 빈번한 해적 출몰도 홍콩의 발전을 저해하는 데 한몫했다. 그래서 홍콩은 '유럽인의 무덤(the grave of Europeans)'으로 불리곤 했다. 영국인에게 홍콩은 머나먼 땅이었고 생활환경은 불만족스러웠으며 매우 불결하다는 인식이 있었다. 한때 해적들이 머무는 곳으로 중국 남부의 부랑자와 범죄자들이 유입되어 무질서한 지역으로 여겨졌다.

톰슨이 홍콩에 도착했을 때는 이전과 전혀 다른 모습이었다. 제2차 아편전쟁 이후 상황이 급반전했다. '계몽된' 정부는 오래된 나쁜 관습들을 청산했고, 서양인의 투자가 급증하면서 경제적 발전을 이루었다. '화려한 공공건물, 공원, 정원, 부두, 공장, 전신기 및 증기선 함대가 있는 영국 식민지인 홍콩'은 '동양 문명의 새로운 시대가 도래한 곳'으로 서양인들의 호기심을 자극했다. 1840년 전후 수천 명에 불과하던 인구수도 크게 증가하여 12만 명을 넘었다.

서양인이 몰려드는 홍콩에 톰슨은 사진관을 차렸다. 신문과 잡지에 광고도 내고 열심히 사진을 찍었다. 여가시간에는

THE CHINA MAGAZINE ADVERTISER.

Mr. J. THOMSON

BEGS to announce that he has now perfected a process by which he can obtain permanent photographs on Ivory.

Specimens can be seen at his Rooms, Commercial Bank Buildings, Queen's Road.

Hongkong, November 1st, 1868.

퀸즈로드(Queen's Road)의 사진관들(좌)
NAM TING, YE-CHUNG 등 중국인 이름과
FLOYD 등 서양인 사진가의 이름이 쓰인 간판이
당시 홍콩 사진업계의 치열했던 경쟁을 보여준다.
William P. Floyd, 1867, www.hkpsd.org/historical-photos

1868년 『The China Magazine』에 실린 존 톰슨 사진관 광고(우)
Wellcome Collection

거리에서 사람도 찍고 건물도 찍었다. 더 멀리 가 자연 풍경도 사진에 담았다. 홍콩에 정착한 다음 해인 1869년에는 이사벨 페트리(Isabel Petrie)와 결혼하고, 아이도 낳았다. 하지만 아내는 곧 둘째를 임신해 영국으로 돌아갔다. 홍콩에서는 사진 붐이 일어나며 사진술을 배워 사진관을 열거나, 유랑하며 사진을 찍는 사진사들이 늘었다. 톰슨이 싱가포르에서 형과 톰슨브라더스를 운영할 때만 해도 싱가포르에 유일한 사진관이었지만, 얼마 안 있어 경쟁업체들이 생기고 1870년대에 톰슨브라더스는 결국 폐업했다. 그런데 홍콩은 상황이 더 안 좋았다. 20명 전후의 서양인 사진가와 20명 전후의 중국인 사진사가 있었다. 경쟁자가 많으니 모두 앞다투어 가격을 내려 홍콩에서 돈벌이도 만만치 않았다.

초대형 사진집을 출간하다

런던왕립민족학회 회원이라는 신분도 별 도움이 되질 않았다. 여긴 영국 본토가 아니라 홍콩이었다. 1870년 겨울, 톰슨은 결국 사진관을 정리했다. 그렇다고 그냥 돌아갈 생각은 없었다. 챙겨야 할 가족도 옆에 없고, 언제 동아시아에 다시 올지 모를 일이었다. 팀을 꾸려 차오저우(潮州), 산토우(汕頭), 마카오, 타이완, 푸저우를 여행하고 홍콩으로 돌아왔다. 긴 여정을 위한 몸풀기였다. 잠시 휴식을 취한 후 본격적인 중국 내지 여행에 나섰다. 톰슨은 1871~1872년 옌타이(煙台), 톈진, 베이징, 한커우(漢口), 의창(宜昌), 충칭(重慶), 닝보 등지를 누비며 사진을 찍었다.

쉽지 않은 여정이었다. 여전히 콜로디온 습판방식으로 사진을 촬영해야 했기에 많은 장비가 필요했다. 유리판으로 작업하기에 깨지지 않도록 조심해야 했다. 또한 중국에서는 사진의 촬영과 인화에 필요한 화학물질을 구하기 쉽지 않았다. 내지의 중국인은 서양인도 사진기도 낯설었기에 예상치 못한 적대적인 반응에 부딪히기도 했다.

1872년 가을, 긴 중국 여정을 마치고 운명 같던 역마살에 종지부를 찍었다. 영국에 돌아온 톰슨은 중국 각지를 돌아다니며 촬영한 사진과 일기, 수집한 관련 자료 등을 차근차근 정리하였다. 5년 동안 약 7,000~8,000km에 이르는 여정의 기록이었다. 여정에 비해 지난한 정리 작업이었지만 의미 있는 일이었다. 1873년 마침내 『중국과 중국인 사진집(Illustrations of China and Its People)』이라는 제목으로 사진집 1·2권을 출간했다. 다음 해 연이어 3·4권을 출간했다.

실로 대단한 사진집이었다. 크기부터 다른 책과 비교할 수 없을 정도였다. 세로 49cm, 가로 37cm의 초대형 사진집에는 판화가 아닌 사진을 그대로 실었다. 민간에서 출판한 상업

콜로디온(collodion) 사진 촬영
19세기 중반에 유행한 사진 기법으로, 유리판에 칠한 콜로디온 용액이
마르기 전 촬영과 현상을 마무리 지어야 했기 때문에
사진을 찍으려면 암실 전체를 모두 가지고 다녀야 했다.
Gaston Tissandier, 1874, *Les Merveilles de la Photographie*,
Paris: Librairie Hachette et Cie

서적 중 사진을 그대로 인쇄하는 경우는 극히 드물었다. 인쇄 비용이 많이 들었기에 대부분 사진을 베껴 판화 작업을 했지만 톰슨은 있는 그대로 보여주고자 했다. 서문에 그러한 의도를 분명히 밝혔다.

나는 그 나라의 정확한 인상을 전달하기 위해 중국과 중국 사람들에 대한 사진 연작을 보여주고자 온 나라를 다녔고, 제국의 여러 다른 지역에 널리 퍼져 있는 예술품, 속담, 풍속 등을 찾아다녔다. 나는 카메라를 방랑의 동반자로 삼았다. 내가 다닌 곳의 모든 장면과 내가 접촉한 모든 부류의 인종들을 충실하게 재생해 준 카메라에 큰 빚을 졌다.

여기서 그치지 않았다. 큰 사진들과 함께 자신이 경험하고 수집한 자료들을 활용해 상세한 설명을 넣었다. 당시 글과 사진이 같이 있는 책은 거의 없었다. 그는 자신의 야심 찬 기획에 많은 기대를 걸었다.

나는 이러한 시도가 매우 성공적일 것이라고 믿으며, 아울러 다른 여행가들의 저작 속에 조만간 응용되리라고 기대한다. 왜냐하면 사진 속의 진실은 책 속에 묘사된 장면을 독자들 앞으로 가장 가깝게 전달해 줄 수 있기 때문이다. 책의 내용은 믿을 만

『중국과 중국인 사진집』 1권
John Thomson, 1873, *Illustrations of China and Its People: A Series of Two Hundred Photographs, with Letterpress Descriptive of the Places and People Represented*, vol.1, London: Sampson Low, Marston, Low, and Searle

한 자료를 가지고 편집하였다. 어떤 것은 내가 사진을 찍을 때 메모해 둔 것이고, 또 어떤 것은 내가 중국에 거의 5년 동안 있으면서 수집한 자료이다. 나는 책의 내용이 사진을 더욱 흥미롭게 해주고, 나아가 독자들이 더욱 쉽게 책을 이해하는 데 도움이 될 것이라고 믿는다.

그의 기대만큼 호평이 잇따랐다. 『브리티시 저널 오브 포토그라피(British Journal of Photography)』는 톰슨을 예술가이자 사진가이고, 지리학자이자 과학적 소양을 지닌 사람이라고 설명하며, 잘 알려진 사진가 중 사진기를 들고 미개척지로 침투해 기록을 남겨, 우리에게 그곳의 풍경을 익숙하게 만드는 데 있어 그가 단연 최고라고 평가했다. 상하이에서 발행되던 『차이니즈 레코더 앤 미셔너리 저널(Chinese Recorder and Missionary Journal)』도 정확하고 장점이 많은 삽화가 수록된 중국 여행 책자는 많지만, 사진과 설명이 함께 들어간 책자는 유일하다며, 그 어떤 책보다 외국인에게 중국과 중국인에 대한 정확한 인식을 심어준다고 극찬했다.

존 톰슨이 만난 조선인

『중국과 중국인 사진집』의 출판은 톰슨의 일생에 있어 가장 사치스러운 도전이었다. 총 222장의 사진이 수록된 총 4권은 비싼 제작비용으로 1·2권은 600부, 3·4권은 750부만 찍었다. 당연히 책값도 비쌌고, 그래서 많이 팔리지 않았다. 그의 명성을 더욱 높여줬지만, 상업적으로 크게 실패했다. 하지만 그의 도전은 한국사진사에 진귀한 기록을 남겼다. 이 책 제4권에는 'Corean'이라는 이름으로 조선인 두 명이 함께 찍은 사진 한 장이 실려 있다. 사진 그 자체도 진귀하지만 자세한 설명이 적혀 있어 사진이 어떤 상황에서 촬영되었으며 당시 서양인의 조선에 대한 이해 정도를 알 수 있다.

『중국과 중국인 사진집』에 실린 조선인

John Thomson, 1874, *Illustrations of China and Its People: A Series of Two Hundred Photographs, with Letterpress Descriptive of the Places and People Represented,* vol.4, London: Sampson Low, Marston, Low, and Searle

조선은 중국의 조공국이다. 그 나라의 국왕은 독립 군주지만, 매년 조공 사신을 베이징에 보낸다. 1871년 내가 마침 베이징에 있을 때, 운 좋게도 이 사진 한 장(no.46)을 촬영할 수 있었다. 이 두 명은 조선 관원이다. 나는 그들의 생김새가 유럽인의 특징을 가지고 있어 크게 놀라웠다. 이 사신과 그 종복들을 볼 때, 이러한 생김새는 그 민족의 보편적인 생김새로 보인다. 한 털의 더러움도 없는 옷을 입고 있었고 머리부터 발끝까지 모두 흰색이었다. 이처럼 정결한 모습은 내게 매우 인상적이었다. 그들이 거주하는 곳은 매우 깨끗하게 정리되어 있었으며, 차마 바닥을 밟을 수 없을 정도였다. 벽에는 벽지가 붙어 있었고 모두 흰색이었다. 사신단 일행은 유럽인과 접촉하는 것에 매우 불안해했다. 한번은 미국 사절(an American ambassador)이 조선 수석대신(the chief Corean minister)과 이곳에서 토론하는 것을 목격했다. 그들은 말이 통하지 않았지만, 중국인 통역을 쓰지 않았다. 한문 필담을 통해 대화를 진행했다.

우리가 알고 있는 조선인들의 결기로 판단하건대, 만약 일본인들이 그들과 전쟁을 한다면, 매우 힘든 일이 될 것이다. 조선을 방문한 중국인들은 조선 사람들을 극찬했다. 그곳의 주민들은 땅을 경작하는 사람, 상인, 금속 제련자로서 능숙하다고 한다. 조선의 칼, 총, 갑옷이 뛰어나다고 한다.

윌리엄스는 당 황제(645)가 260년 동안 그 나라 동쪽을 차지하고 있던 한국인들을 몰아내기 위해 힘겹게 싸웠다고 말했다.

그들은 여전히 고립되어 살고 있으며, 정해진 경계선 밖 지역에서만 시장을 열며, 심지어 이웃인 중국인들과도 더 긴밀한 무역 관계를 맺으려는 모든 시도를 뿌리친다. 조선의 토양은 비옥하고, 수많은 산맥에는 풍부한 광물자원이 있다고 알려져 있다.

깔끔한 백의민족 이미지와 조선인의 용모가 유럽인처럼 보인다는 설명이 인상적이다. 톰슨이 베이징에 오기 전 동아시아에서의 여정은 동남아시아와 중국 남부에서 주로 이루어졌다. 그 지역 사람들은 비교적 왜소했다. 그들에 비해 상대적으로 조선인은 풍채가 좋고 수염을 길러 유럽인처럼 느꼈을 것이다.

톰슨은 청과 조선의 관계를 어느 정도 이해하고 있었다. 조선인이 매년 베이징에 조공 사행을 오고, 조선은 독립 군주가 통치한다는 사실을 알았다. 또 윌리엄스라는 사람이 그에게 당과 고구려 전쟁에 관해 알려줬다. 당이 "힘겹게 싸웠다"는 말에서 조선은 결코 만만치 않은 나라임이 은연중 드러난다. 동남아시아의 많은 왕조들이 제국주의 세력의 손아귀에 들어갔다. 중국과 일본은 서구 열강의 압박으로 개항했다. 당시 조선만 완고히 버티고 있었으니 분명 쉽게 볼 국가는 아니었다. 병인양요와 신미양요가 이를 증명했다.

윌리엄스는 톰슨의 글에서 언급된 '미국 사절'일 것이다. 그에 대한 자세한 이야기는 뒤에서 살펴보고, 톰슨이 목격한 미국 사절과 이야기를 나눈 조선인은 누구이며, 사진 속 인물이 누구인지 추적해 보자.

조선은 매년 정기 사신을 청에 보냈다. 매년 파견하는 정기 사신을 삼절연공사라고 한다. 삼절(三節)은 신년 인사에 보내는 정조사, 동지에 보내는 동지사, 황제의 생일을 축하하는 성절사를 가리키며, 연공은 세폐사이다. 세폐는 병자호란으로 배상금의 성격을 지닌 조공이다. 삼절연공사는 보통 음력 십이월 말에 베이징에 도착해, 다음 해 이월 초에 귀국길에 올랐다. 그런데 톰슨은 이때 베이징에 없었다. 그가 베이징에 체류한 때는 1871년 9월 초부터 11월 초까지였다. 이때 조선 사절이 베이징에 왔다면 주청할 일이 있거나, 문안 혹은 축하할 일이 있을 때 특별히 파견한 사절이었을 것이다. 이를 별사(別使)라 부른다. 그러나 이 시기 조선에서 파견한 별사는 없었다.

그렇다면 미국 사절을 만난 이는 누구인가. 삼절연공사도 별사도 아니라면, 조선이 파견한 관원은 딱 하나뿐이다. 바로 재자관이다. 재자관은 책봉이나 조공과 관련된 사절이 아니라 표류민이나 불법으로 국경을 넘은 사람들, 정보 공유 등의 현안이 발생할 때 파견하는 역관이었다. 재자관의 규모는 보통 4~10명이었다. 톰슨이 베이징에 체류할 때, 마침 조선 재자관이 왔고 그가 바로 이응준이다. 베이징을 처음 방문한 톰슨이 조선의 양반은 뭐고 중인은 뭔지, 삼사가 파견되는 사절단과 재자관의 차이를 알 리 없었다. 그러니 그를 조선의 수석대신(chief Corean minister)이라고 불렀다.

이응준은 1871년 7월 조선을 출발해 9월 베이징에 도착했다. 그의 임무는 신미양요의 시말과 사후조치에 관한 것이었다. 흥선대원군은 조선의 힘만으로 미군을 물러가게 하고 이를 서양 오랑캐에 대한 승리로 생각했다. 서양에 문을 잠그고 전국 곳곳에 척화비를 세웠으며 청에는 황제가 미국에 명을 내려 더 이상 조선에 접근하지 못하도록 해달라고 청했다. 미국은 청의 조공국이 아니기에 불가능한 일이었지만, 조선은 그렇게 청했다.

미국 사절은 이응준이 가져온 조선의 보고가 궁금했다. 조선 재자관 일행은 '유럽인과 접촉하는 것에 매우 불안해' 하며 미국 사절을 만났고 톰슨은 그 자리를 목격했다. 신미양요 직후였으니 심각한 이야기가 오갔을 것이다. 하지만 톰슨의 기록에는 관련 내용이 없다. 외교 문제는 미국 사절이나 이응준이 이야기하지 않았을 텐데 미국이나 조선 측 자료 어디에서도 관련 내용을 찾을 수 없다. 미국 사절과 이응준이 만난 사실은 톰슨의 기록을 통해서만 확인된다. 은밀히 이루어진 접촉이었고, 성과 없는 만남이었기에 기록이 없는 것이다.

『중국과 중국인 사진집』에서는 조선인이 비중 있게 다루어지지 않았다. 222장의 사진 중 한 컷에 불과하다. 톰슨이 조선에 더 관심이 있었다면, 여러 장의 사진을 찍어 수록했을 것이다. 하지만 그에게 조선인은 베이징의 한 장면일 뿐이었다. 그도 그럴 것이 톰슨은 베이징에서 워낙 중요 인물의 사진을 많이 찍었다.

가장 유명한 인물은 공친왕 혁흔(奕訢)이다. 도광제의 여섯 번째 아들이자 함풍제의 이복동생이며 당시 황제였던 동치제의 삼촌이었다. 제2차 아편전쟁으로 베이징이 함락되고, 영국, 프랑스와 협상을 주도한 인물이 공친왕이었다. 그는 서태후와 손을 잡고 군기대신이자 총리아문대신에 오른 최고 권력자였다. 그가 맡은 군기대신은 옹정제가 황제권을 강화하기 위해 만든 황제 보좌 기구로 최고 권력 기구였던 군기처를 관장하는 대신이었다. 총리아문은 제2차 아편전쟁 이후, 서구 열강이 외국과 교섭할 기구 창설을 요청하며 만들어진 기구였다. 근대적 조약을 맺은 국가와의 사무를 이곳에서 처리했는데 대부분의 총리아문대신은 군기대신이 겸직했다. 공친왕도 두 직을 겸직했다. 톰슨이 공친왕의 사진을 촬영할 수 있었던 것은 영국공사의 주선이 있었기 때문이지만, 홍콩을 떠

『중국과 중국인 사진집』에 실린 공친왕(좌)

John Thomson, 1873, *Illustrations of China and Its People: A Series of Two Hundred Photographs, with Letterpress Descriptive of the Places and People Represented*, vol.1, London: Sampson Low, Marston, Low, and Searle

『중국과 중국인 사진집』에 실린 이홍장(우)

John Thomson, 1874, *Illustrations of China and Its People: A Series of Two Hundred Photographs, with Letterpress Descriptive of the Places and People Represented*, vol.4, London: Sampson Low, Marston, Low, and Searle

나 중국 곳곳을 누비며 중국의 모든 것을 담겠다는 그의 열정의 결과였다.

그는 또 다른 군기대신인 문상(文祥), 보윤(寶鋆), 심계분(沈桂芬)도 촬영했다. 이외에도 호부상서인 동순(董恂), 공부상서 모창희(毛昶熙)를 사진에 담았고, 북양대신 이홍장도 촬영했다.

베이징의 사진가 토마스 차일드

베이징 체류기간은 몇 달 안 되지만, 톰슨의 활발한 활동은 베이징의 터줏대감 사진가였던 토마스 차일드(Thomas Child, 1841~1898)의 활동에 영향을 끼쳤다. 톰슨은 전업 사진가인데다, 더 싸게 사진을 찍어줬기 때문이다. 여기에 영국 공사의 추천으로 유력 인사들과 교류하니, 그 명성이 금세 퍼졌다. 톰슨이 머무는 기간이 길어질수록 차일드의 손실은 커질 수밖에 없었다.

차일드는 본래 청 해관의 엔지니어였다. 당시 청 해관은 외국인 총세무사인 로버트 하트(Robert Hart, 1835~1911)가 수장으로 있었고, 관세 업무는 외국인 세무사들이 담당했다. 총세무사 관서(總稅務司署)는 베이징에 있었고, 런던에 지점이 개설되어 있었다. 베이징 해관 시설에는 서양식 기계 장비가 많아

이를 관리할 엔지니어가 필요했다. 1870년 모집 공고가 났을 때, 차일드가 지원해 베이징에 오게 됐다. 그는 1889년까지 20년 동안 근무했다. 기계를 잘 다루던 그는 사진 기술도 가지고 있었다. 정착 초기에는 중국어를 배우며, 새로운 환경에 적응하기 위해 노력하다가 어느 정도 낯선 생활에 적응이 되자 영국에서 가져온 사진기를 꺼냈다. 베이징의 이국적 풍경들을 촬영해 판매했을 뿐만 아니라, 정양문(正陽門) 밖에 중국식 가옥을 빌려 스튜디오를 마련한 다음 인물 사진을 찍어 돈을 벌었다. 엔지니어라는 주업에 사진사라는 부업을 병행한 것이다. 베이징에서는 상업적 목적으로 사진을 찍는 사람들이 없어 수입이 꽤 괜찮았다.

의외의 손님이 찾아오기도 했는데 바로 조선인이었다. 현재 전하는 차일드의 조선인 사진을 보면 우측 테이블 위에 화병이 있고, 좌측에 조선인이 앉아 있다. 좌측 하단에는 'T.Child'라는 서명이 있다. 영국의 저명 사진연구가 테리 베넷은 이 사진이 촬영된 시점을 1880년대로 추정한다. 하지만 사진 어디에도 촬영 시기를 확인할 수 있는 기록은 없다. 1870년대 촬영된 것일 수도 있으나 직접적인 연관성을 밝히는 것은 어렵다. 다만 베이징에서 조선인이 사진을 촬영했다는 연행록 기록이 남아 있다.

1872년 2월 초, 베이징에 온 이면구의 『수사록』이라는 연행록이 있다. 이면구는 삼절연공사 정사 민치상(閔致庠)의 수행원이었다. 당시 부사는 이건필, 서장관 박봉빈이었다. 『수사록』에 따르면, 이면구는 2월 12일에 삼사를 모시고 정양문 밖에 '사진을 업으로 하는(畵眞爲業)' 사람의 집을 찾아 사진을 찍었다. 그들이 찾아간 사진관은 차일드의 사진관이었을 가능성이 매우 크다. 당시 베이징에서 사진관을 운영한 사람은 차일드가 유일했다. 톰슨은 베이징을 이미 떠났고, 베이징에 활동 중인 중국인 사진가는 없었다.

차일드는 톰슨의 등장에 막 시작한 부업이 큰 타격을 받을까 걱정을 많이 했지만 기우에 불과했다. 톰슨은 베이징에 상주할 생각이 없었다. 그가 사진기를 들고 중국 방방곡곡을 누빈 것은 순전히 호기심 때문이었다. 돈이 목적이었다면 고관대작만 촬영했을 것이다. 그는 과거를 준비하는 독서인부터, 상인, 군인, 노동자, 부랑자, 돌팔이 의사까지 여러 계층을 사진에 담았으며, 다양한 여성의 모습을 기록했다. 한족뿐만 아니라, 만주족, 몽고족 등 하나의 민족에 시선이 멈추지 않았다. 인물뿐만 아니라 도시와 농촌의 풍경도 적나라하게 담았다.

중국의 이미지를 만들어 간 사진

톰슨이 열정적으로 중국의 면면을 빛을 통해 노출시킨 것은 단순한 호기심을 넘어 그것이 미지의 세계를 밝히는 과학이라 믿었기 때문이다. 훗날 그가 영국과학진흥협회(British Association for the Advancement of Science) 강연에서 한 발언은 사진에 대한 그의 생각을 잘 보여준다. 그는 "시간과 기회의 부족으로 재능 있는 여행자는 그의 스케치에 대한 구체적 내용을 그의 기억에 의지하는 것을 너무 자주 제약하며, 자유로운 상상으로 자신의 작품이 그림으로 완성될 때까지 손으로 메워 꾸민다. 순간적인 사진은 분명 그의 허구적 노력을 빼앗겠지만, 제시된 장면을 완벽히 모방하고 충실하게 수행된 작업을 영속적으로 유지할 수 있는 장점이 있다"고 설명하며, "진실과 현존하는 모든 것이 관련되는 곳에서 사진은 절대적으로 신뢰할 수 있으며 현재 수행되고 있는 작업은 모든 과학 분야에서 미래에 매우 유용할 것"라고 예측했다. 사진은 과학의 중요한 도구이며, 우리의 진보를 기록하고 후대에 전달하는 수단인 것이다.

여기서 과학과 진실은 서양인의 과학과 진실이다. 과학은 곧 문명이며, 동양은 서양에 비해 낙후된 곳이었다. 그의 사진기에 포착된 동양의 풍경은 서양식 문명으로 바뀌어야 할 곳이었다. 그는 이 강연에서 사진을 '태양 그림(sun picture)'이라 불렀다. 사진은 빛이 있어야 가능하다. 마치 서양이 빛을 받아 낙후한 풍경을 담아내는 느낌이다. 『중국과 중국인 사진집』 제3권에 수록된 상하이의 외국인 거류지에 있는 와이탄(外灘)은 '즐비한 배, 꽉 찬 부두, 창고들 그리고 하역장, 암석 제방, 우아한 빌딩 숲, 거리를 다니는 차가 내뿜는 끊임없는 소음, 붐비지만 당구대 같이 부드러운 도로들, 강을 휘감는 잘 가꾸어진 공원' 등이 꽉찬 모습이었다. 반면, 외국인 거류지 밖의 풍경은 정반대였다. 조계지의 안과 밖을 대비시킨 것이다.

이웃 국가 일본이 서양의 힘의 비밀을 빠르게 발견했듯, 중국 또한 조만간 문명화의 진전을 강행할 수밖에 없을 것이다. 중국인은 상하이의 외국인 거류 지구에서 자신들이 찾고 있던 모든 것을 발견하게 될 것이다. 그곳에는 학교도 있고, 휘황찬란한 교역도 있으며, 기선들도 줄지어 있고, 외국 지역 정부도 있다. 그곳 주민들은 부유하였고, 그 거리와 주거지 상태를 남쪽의 성곽으로 둘러싸인 도시와 비교해 보면 의미 있는 대조를 볼 수 있다.

외국인 거주지는 문명화된 공간으로 청이 따라야 할 모델로 제시된다. 청이 이를 거부한다면, 톰슨은 "존재 자체가 끈질기게 무시당하는 고도의 문명의 울타리 안에 처박히게 될

『중국과 중국인 사진집』에 실린 상하이 와이탄

John Thomson, 1874, *Illustrations of China and Its People: A Series of Two Hundred Photographs, with Letterpress Descriptive of the Places and People Represented,* vol.3, London: Sampson Low, Marston, Low, and Searle

것"이라고 내다봤다. 이러한 서양인의 편협한 시각은 『중국과 중국인 사진집』 전반에 흐르고 있다. 사진이라는 '객관적' 기록물로 중국에 대한 이미지를 구축한 것이다. 서양의 힘이 강해지고 중국의 힘이 약해질수록, 서양인의 중국 경험이 많아질수록, 이미지 기록이 쌓일수록, 부정적 인식이 커졌다.

1898년 아서 스윈튼(Arthur E. Swinton)이 톰슨의 사진을 활용해 『더 월드 와이드 매거진(The Wide World Magazine)』에 발표한 「중국의 기이한 광경(Queer Sights in China)」에는 중국에 대한 부정적 시각이 그대로 드러나 있다. 『더 월드 와이드 매거진』은 당시 수십만 부씩 팔리던 『스트랜드 매거진(Strand Magazine)』을 발행하던 조지 뉴스(George Newnes)가 1898년 창간한 잡지로 전 세계에서 수집한 모험과 여행 이야기를 소개했다. 이 잡지사의 모토는 "사실이 허구보다 더 기이하다(Truth is stranger than fiction)"였다. 기상천외한 사실을 다룬다는 얘기다. 그렇다면 「중국의 기이한 광경」은 어떻게 톰슨의 사진집에 있는 사진을 실은 것일까? 총 7페이지 중 2페이지에 영국 독자들에게 부정적으로 '기이하게' 받아들일 수 있는 중국의 모습들이 나온다. 범죄자와 끔찍한 형벌, 힘겨운 수리사업, 이발을 하고 사주를 보는 괴상한 거리 풍경을 보여준다. 사실 『중국과 중국인 사진집』에는 매력적인 이국적 풍경도 많다. 그런데도 잡지에는 그런 내용이 전혀 없다.

「중국의 기이한 풍경(Queer Sights in China)」

Arthur E. Swinton, 1898, *The Wide World Magazine*, vol.1

이국의 기이한 모습만 실어 제국주의의 시선을 그대로 드러낼 뿐이다.

그런데 톰슨의 조선인 묘사에는 이러한 시선이 드러나지 않는다. 아직 경험하지 못한 미지의 세계였기 때문일까. 그가 목격한 조선인은 청결했고 유럽인 같았다. 극소수의 조선인이지만, 그동안 보아온 중국인과 대비되었다. 그는 베이징에 도착해 신미양요에서 미군에 격렬히 항거한 조선인 이야기를 듣고 영향을 받았을 것이다. 조선은 만만한 나라가 아니라는 인상을 말이다.

제4장

조선인과
비밀리에 만난 외교관

겸직 외교관
사무엘 윌리엄스

톰슨이 목격한 기록을 다시 살펴보자.

사신단 일행은 유럽인과 접촉하는 것에 매우 불안해했다. 한번은 미국 사절(an American ambassador)이 조선 수석대신(the chief Corean minister)과 이곳에서 토론하는 것을 목격했다. 그들은 말이 통하지 않았지만, 중국인 통역을 쓰지 않았다. 한문 필담을 통해 대화를 진행했다.

앞서 조선 수석대신은 이응준이라 밝혔다. 이응준은 1832년 역관 명문가인 금산 이씨 집안에서 태어났다. 아버지 이후(李垕), 형 이응순(李應淳) 모두 역과에 급제했고, 이응준은 1850년 증광과 역과에 합격했다. 그가 언제 처음 청을 다녀왔는지 알 수 없다. 현재 확인할 수 있는 가장 이른 기록으로는 1866년이다. 삼절연공행의 서장관 엄세영(嚴世永)을 수행했던 엄석주(嚴錫周)의 『연행일기』에 장무관으로 참여했다고 나온다.

조선 수석대신 이응준

1871년 이응준은 신미양요에 관한 사후 보고를 위해 재자관으로 청에 파견됐으며, 본의 아니게 미국 사절을 만났다. 그것이 인생의 전환점이 되었을까. 이응준은 1870년대 중후반 조선의 대외관계 변화에 있어 중요한 메신저 역할을 했다. 청의 북양대신 이홍장은 1875년 청에 사행을 온 조선 영의정 이유원(李裕元)과 서신으로 교분을 트게 되어, 이후 은밀히 편지를 주고받으며, 조선이 서양과 조약을 맺고 문을 열어 통상할 것을 권했다. 이유원 뒤에는 고종이 있었다. 고종은 친정 이후, 운요호사건으로 일본과 교섭을 통해 강화도조약을 맺고, 아버지와는 달리 개항을 통한 개혁을 마음먹었다. 여전히 아버지의 그림자가 짙게 드리우고 있어 이홍장의 조언을 바로 받아들이기 어려웠지만, 1880년 전후 서양과의 통상 논의가 급진전된다. 이응준은 교섭 권한이 없었으나, 문서 전달과 정보 수집 임무를 맡으며 청을 자주 왕래했다.

근대를 향한 조선의 대청외교는 이응준에게 한국 최초로 태극기를 만들 기회를 주었다. 1881년 말 이홍장의 주선으로 조선과 미국의 통상조약 체결이 급물살을 탔다. 미국 전권대신 로버트 슈펠트(Robert W. Shufeldt, 1822~1895)는 이홍장과 조약 문제를 논의했다. 이때 청에 서양식 기술을 배우기 위한 영선사로 활동하던 김윤식이 조선이 조약 체결을 원한다는 사실을 정식으로 통보했다. 다만 전권대신 신임장이 없다는 이유로 김윤식은 이홍장과 슈펠트의 협상에 배제됐다. 이때 이응준도 역관으로 톈진에 파견됐다. '조선은 청의 속방'이라는 내용 삽입 여부를 두고 슈펠트는 이홍장과 이견이 있었지만, 전반적인 내용에 타협하고 조약 체결을 위해 조선으로 향했다. 이응준도 함께 귀국했다.

슈펠트가 인천에 도착해 조선 대표인 김홍집과 협상할 때, 청은 조선에 조약 조문으로 '조선이 청의 속방'이라는 내용을 추가하라고 압박했다. 조선이 마음대로 넣고 빼고의 문제가 아니었다. 조약은 쌍방이 맺는 것이다. 슈펠트가 이를 거부했다. 국제법에 따른 근대적 조약이란 상대국을 주권국가로 인정하고 평등한 관계를 맺는 것이다. 청과 조선의 특수한 관계를 인정한다고 하더라도, 미국과 조선이 체결하는 조약에 그런 조항이 들어간다면 조약의 정신에 위배되며 미국의 체통을 훼손하는 것이었다. 슈펠트는 김홍집에게 조약 조인식 때

이응준이 만든 것으로 추정되는 태극기

Bureau of Naval Personnel(United States), 1889, *Flags of Maritime Nations: From the Most Authentic Sources*, Washington, D.C.

조선이 독립국임을 보여줄 수 있는 국기를 게양할 것을 건의했다. 김홍집이 이응준에게 국기를 제작하도록 지시해 최초의 태극기가 탄생했다.

당시 조선에는 국기가 없었다. 왕조 국가인 조선에서 왕조를 상징하는 최고의 깃발은 어기(御旗)였다. 국왕이 자리하는 곳에 세워지는 깃발이다. 이응준의 태극기 제작은 조약 체결 과정에서 상대국의 요구로 이루어진 임시방편이었다. 오늘날 국기의 상징성을 생각하면 상상할 수 없는 일이다. 국기가 없던 시절에나 가능했다. 조약 체결에 쓰기 위해 급하게 만든 것이었기에 역관인 이응준이 제작할 수 있었다.

1866년부터 청을 드나든 이응준이 근대라는 파고에 올라탄 것인지, 휩쓸린 것인지 모를 일이다. 분명한 건 당시 모든 중국어 역관이 그와 같은 삶은 산 것은 아니다. 이응준은 매우 특별한 경우였다. 그 시작이 1871년 베이징에서 미국 사절과의 만남이었다고 해도 과언이 아니다. 신미양요 직후 흥선대원군은 전국에 척화비를 세우도록 명했다. 척화비에는 "서양 오랑캐가 침입하는데 싸우지 않으면 화해하는 것이요, 화해를 주장하는 것은 나라를 팔아먹는 것이다"라고 쓰여 있었다. 신미양요 직후 엄혹한 분위기에서 적국의 사절을 만난 경험은 그를 평범한 역관으로 살도록 놔두지 않았다.

필담이 가능한 미국 외교관

이응준의 인생에 파고든 미국 사절은 누굴까? 톰슨의 기록을 보면, 그 미국인은 이응준과 중국어 통역을 쓰지 않고 한문 필담으로 대화를 나눴다. 단순히 중국어를 말하고 얘기할 수 있는 수준을 넘어, 쓸 수 있는 수준을 갖췄다는 것이다. 한자는 각 글자가 뜻을 가지고 있고, 획도 복잡하다. 그렇기에 그 미국인은 상당한 중국어 실력을 갖춘 인물일 수밖에 없다. 당시 미국공사관에서 유창하게 중국어를 할 줄 아는 자는 단 한 명뿐이었다. 『중국과 중국인 사진집』에도 나오는 사무엘 윌리엄스(Samuel W. Williams, 1812~1884)이다.

윌리엄스는 미국공사관의 통역관이었다. 신미양요 때 주청 미국공사 프레드릭 로(Frederick F. Low, 1828~1894)가 미국 아시아함대 사령관 존 로저스(John Rodgers, 1812~1882)와 함께 조선 원정을 나가 대리공사직을 수행했다. 미국공사관에 중국어를 할 수 있는 다른 사람이 있지 않았을까. 그가 미국의 조선 원정 직전인 4월 27일에 뉴욕에 있는 조지 올리팬트(George T. Olyphant, 1819~1873)에게 쓴 서신을 보면 전혀 그렇지 않음을 알 수 있다.

조선은 오늘날까지 세계에서 쇄국하고 자국민을 고립시키는

사무엘 윌리엄스

Frederick Williams, 1889, *The life and Letters of Samuel Wells Williams, LL.D., Missionary, Diplomatist, Sinologue*, New York and London: G.P. Putnam's Sons, The Knickerbocker Press

최후의 국가이며, 나는 로 대사가 이번 노력을 통해, 그 민족과 교류를 시작할 수 있으리라 기대합니다. 하지만 우리나라(미국)는 조약을 체결한 후, 조약을 이행하는 데 있어 가증스러운 모습을 드러냅니다. 동방국가에 주재하는 영사관 직원에게 생활비나 숙소, 번역을 제공하지 않습니다. 중국 주재 미국영사는 선교사가 아닌 이상 한자를 알거나 배우려 하지 않고, 단지 자리를 지키는 데만 관심이 있으며, 잠깐 머물렀다 가는데 재임기간이 평균 5~12개월 정도에 불과합니다. 우리 영사는 어떤 때는 영국인이고, 어떤 때는 네덜란드인이지만, 그 자리를 망신시키는 무지한 어떤 미국인들보다 낫습니다.

_ 『The life and Letters of Samuel Wells Williams, LL.D., Missionary, Diplomatist, Sinologue』

괜한 험담이 아니다. 윌리엄스의 오랜 경험에서 나온 온당한 비판이다. 그는 중국어를 정말 잘했다. 위삼위(衛三畏)라는 중국어 이름도 있었다. '위'는 그의 성인 윌리엄스(Williams)와 발음이 비슷해 가져온 것이고, '삼위'는 이름 사무엘에서 취했다. 음을 따르는 것이니 같은 음의 다른 한자를 쓸 수도 있지만, '삼위'는 논어의 "君子有三畏 畏天命 畏大人 畏聖人之言"에서 따온 말이다. 이 구절은 '군자는 세 가지 두려움이 있다. 천명을 두려워하며, 대인을 두려워하며, 성인의 말씀을 두려워한다'라는 뜻이다. 이름에서 윌리엄스의 중국문화에 대한 깊은 이해를 알 수 있다.

선교사이면서 외교관을 겸하다

윌리엄스는 1812년 뉴욕주 유티카의 장로교 집안에서 태어났다. 농후한 종교적 분위기에서 성장한 그는 1832년 중국 선교의 뜻을 품고 중국 광저우에 왔다. 제1차 아편전쟁 이전에 중국에 온 것이다. 그는 마카오로 넘어가 미국 선교사 제임스 브리지먼(James G. Bridgman)이 발행하던 『차이니즈 리포지토리(Chinese Repository)』의 주요 편집자로 활동했다.

마카오에서 활동하던 시절 제1차 아편전쟁이 일어났다. 1844년 미국은 청과 마카오 왕샤촌(望廈村)에서 영사재판권과 협정관세를 보장받은 왕샤조약(望廈條約)을 체결했다. 미국의 아시아 시장 진출이 확대됐다. 게다가 산업혁명의 영향으로 공장이 쉴 새 없이 가동하며, 윤활유와 램프에 쓰이는 향유고래 기름의 수요가 증가하면서, 고래잡이가 일본 연안까지 확대됐다. 이로 인해 미국과 일본을 오가는 보급 거점이 필요했다. 1853년 미국 함대사령관 매튜 페리는 쇄국정책을 견지하는 일본에 통상을 요구하는 미국 밀러드 필모어 대통령의 국서를 전달하고, 1854년 2월 무력시위를 통해 일본을 개항시켰다. 페리 제독의 배에는 윌리엄스도 타고 있었다. 중국어나 일본어를 할 줄 아는 사람이 거의 없으니 통역관으로 동원된 것이다.

페리 원정 이후, 윌리엄스는 1856년부터 중국 광저우에 있는 미국공사관의 서기관 겸 통역으로 일했다. 미국이 중국에서 워낙 멀었고, 중국이 아직 중요 수교국이 아니다 보니, 공사나 영사의 교체에 시간이 꽤 걸렸다. 임명된 외교관이 얼마 안 있어 본국으로 돌아가는 일이 빈번했다. 중국에 있는 외교 공관에 임명됐으나 부임하지 않고 교체되는 경우도 있

페리 제독의 요코하마 내항
Eliphalet M. Brown, Jr., 1855, National Portrait Gallery

었다. 상황이 이러니 애꿎게 윌리엄스가 대리공사를 자주 맡았다. 제2차 아편전쟁이 끝나고, 공사관이 베이징으로 옮겨갔는데도 전혀 달라지지 않았다. 신미양요를 기획한 로는 실패했지만, 윌리엄스는 이례적으로 정말 열심히 일한 미국 외교관이었다.

윌리엄스가 로의 무력 원정에 동의했는지 알 방도는 없다. 그에게는 원정과 관련한 어떠한 권한도 없었다. 하지만 페리 제독이 포함외교로 일본을 개항시킨 것처럼 조선도 이번 기회를 통해 개항되길 원했다. 미국의 특별한 국익을 위해서가 아니었다. 종교적 신념 때문이었다. 1853년 7월 16일 선교사 W. F. 윌리엄스(Williams)에게 쓴 서신에서 그는 다음과 같이 말했다.

동아시아 국가들의 쇄국정책은 하나님께서 그 민족에게 주신 자비로운 계획에 따른 것이 아니며, 그들 백성이 자유로워질 수 있도록 두려움이나 힘으로 그들 정부를 변화시켜야 한다는 전적인 확신을 갖고 있습니다. 조선, 중국, 류큐, 일본은 유일무이한 진정한 신을 인정해야 합니다. 그들의 쇄국의 벽은 우리에 의해 반드시 제거되어야 합니다. 아마도 서태평양의 도시들은 반대편 해안으로 배를 보내기 시작했을 것입니다.

_ 『The life and Letters of Samuel Wells Williams, LL.D., Missionary, Diplomatist, Sinologue』

신미양요

로가 계획한 미국 원정은 윌리엄스에게 희망을 주었다. 1871년 5월 16일 로저스 제독은 3,350톤 기함 콜로라도호를 포함해 총 5척의 군함을 이끌고 조선으로 향했다. 1871년 6월 1일 미군 함대는 조선의 허가 없이 강화해협에서 탐측활동을 했다. 이때 손돌목에서 조선이 공격하며 첫 교전이 일어났다. 미국 대표는 조선군이 미군 함대를 기습 공격한 것에 항의했다. 조선 측은 관원를 파견해 협상을 시도했다. 미국은 사죄 및 손해배상을 요구하며 이를 수용하지 않을 경우 10일 후 보복 공격을 하겠다고 엄포했다. 조선은 미군 함대가 허가 없이 불법 진입한 것이라며 요구를 거부했다.

6월 10일 미군은 보복 공격을 개시했다. 600여 명의 병력이 상륙해 초지진을 점령하고, 다음 날에는 광성보를 점령했다. 거기까지였다. 조선의 격렬한 저항으로 더 이상 나아가지 못했다. 복잡하고 익숙하지 않은 해안에 군함들도 쓸모가 없었다. 5척 중 가장 작은 1,392톤 모나카시호와 420톤 팔로스호만 투입되어 지원사격에 나섰다. 하지만 두 척도 조류 앞에 힘을 잃었다. 더 이상 함포 지원이 불가능했지만 조선은 계속해서 병력을 투입했다. 언제까지 병력이 늘어날지 모를 일이었다. 미군은 결국 7월 3일 옌타이로 철수하였다.

신미양요 당시 콜로라도호에서 회의를 하고 있는
프레드릭 로(Frederick F. Low)와 서기관 에드워드 드류(Edward Drew)(좌)
오른쪽에 서 있는 사람이 로, 왼쪽 두 번째가 드류, 그 외 인물들은 중국인 통역관이다.
Naval History and Heritage Command

미국 시사주간지에 실린 광성보(우상)와 덕진진(우하) 전투 장면
Harper's Weekly, vol.XV, no.767(1871.9.9.)

경북 경주 척화비
국립경주박물관 소장

　조선은 이양선을 물리쳤다고 기뻐했다. 흥선대원군은 '승리'로 자신의 판단이 틀리지 않았음을 증명했다. 전국에 척화비를 세우며, 자신의 입장을 강화했다.

　한편, 신미양요의 경과에 대해 재자관 이응준을 청에 파견해 보고했다. 이 보고서는 조선은 서구 열강과 통상할 의사가 전혀 없으며, 조선은 조난당한 배와 선원들을 구조하여 잘 돌봐 주었기 때문에 조난자 구조에 대해서 서구 열강이 걱정하지 않아도 된다고 강조했다. 그러면서 청 황제가 유지를 내려 미국 사절을 일깨워주고, 더는 조선에 접근하여 분쟁을 일으키지 못하도록 해 줄 것을 청했다. 이러한 조선의 요구는 청을 당황시켰을 것이다. 청과 미국은 근대적 조약을 맺은 대등한 국가였다. 조공국에 칙유를 내리듯 미국에 유지를 내려 그들의 행동을 막을 수 없었다.

윌리엄스와 이응준의 만남

미군의 퇴각은 윌리엄스에게 예상치 못한 '어처구니' 없는 결과였다. 이응준이 베이징을 떠날 때까지 로는 복귀하지 않았다. 대리공사인 윌리엄스는 뭐라도 알아내야 했다. 총리아문에 이 문제는 미국과 직접 관련이 있으니 조선이 보내온 문서의 원문을 보여달라 했다. 총리아문은 처음에 거절했으나 요약문을 전달했다. 요약문으로는 조선의 의도를 제대로 파악하기 어려울뿐더러 청이 임의로 조작했을 가능성도 있었다. 윌리엄스는 재차 전문을 요구했지만 뜻을 이루지 못했다. 그렇다면 이응준을 직접 만나 물어볼 수밖에 없었다.

처음 있는 일이 아니었다. 윌리엄스는 신미양요의 발단이 된 제너럴셔먼호사건이 발발한 1866년 이후 미국인 생존자 파악과 사건의 전말을 알기 위해 노력했다. 미국은 청에게 주선을 부탁했으나, 조선은 청에 조공을 하지만 청이 내정에 간섭하지 않는다는 대답만 돌아왔다. 이에 미국은 조선에 함대를 보내 조사를 시도했다. 조선 조정은 거절했다. 조선은 표류민이 오면 예를 다해 대접해 보냈지만, 조선을 불법 침범하는 이들에 대해서는 강경했다. 사대와 교린 관계 이외의 국가와는 교섭과 교류를 하지 않았으며, 제너럴셔먼호의 사람들은 이미 모두 죽었으므로 미국과 더 이상 할 말이 없었다. 이런 상황에서 최선은 조선 사신에게 접근하는 것이었다.

윌리엄스는 1868년 초 베이징에 사행을 온 조선 사신에게 접근했다. 조선 사신이 머무는 관소는 경비가 지키고 있어 직접 방문은 어려웠다. 약속 없이 찾아가는 것은 외교적 결례였다. 그는 만나서 얘기를 나누고 싶다고 서신을 보냈다. 당연히 거절당했다. 병인양요와 제너럴셔먼호사건을 겪은 조선인들은 서양인을 경계했다. 그의 시도는 실패로 끝나는 듯했다.

그러나 베이징 거리에서 볼 수 있는 조선인 중 서양인에게 호기심이 있는 이도 있었고, 종종 몰래 온 천주교도도 있었다. 조선 사절은 정식으로 윌리엄스의 요구를 거절했지만, 그의 바람에 응한 사람이 있었다. 윌리엄스는 사신단 일원 중의 '신뢰할 만한' 사람이라고만 밝혔다. 그가 제너럴셔먼호의 사람들은 모두 죽었다고 알려줬다. 거짓말이 아니었다. 총리아문도 윌리엄스에게 이를 전달한 바 있다.

윌리엄스는 다시 움직였다. 이응준에게 접근했다. 이응준은 톰슨이 상당히 경계하고 있다고 느낄 만큼 조심스러웠지만 윌리엄스를 만났다. 참으로 담대했다. 직전의 신미양요로 조선의 서양에 대한 반감이 최고조에 이르던 때였다. 잘못하다간 서양과 내통한다는 죄목으로 목이 날아갈지도 몰랐다. 이응준은 그런 위험을 감수했다. 서양에 대한 정보가 필요했기 때문이었을 것이다.

이응준에게 서양은 낯설지 않았다. 병인양요 직후 파견된 정기 사행인 삼절연공사에 참여한 적이 있었다. 이 사행은 청나라가 병인양요 문제로 프랑스와 중재해 준 것에 대한 감사를 전하는 임무도 겸했다. 사신단이 베이징에 도착하기 전 조선 사신은 몰랐겠지만, 병인양요의 책임을 청에 전가하려는 프랑스와 청나라 간 격렬한 외교적 논쟁이 있었고, 청의 강경한 태도로 사건이 마무리 되는 단계였다. 방식이야 어찌됐든 조선은 프랑스군을 퇴각시켰고, 더 이상의 외교적 마찰은 일어나지 않았기에 삼절연공사는 별 탈 없이 보통의 사행처럼 임무를 마쳤다.

청은 조선 사신단이 귀국길에 오른 후 프랑스와 주고받은 자문, 청과 프랑스 간 체결한 조약 31조 내용, 신문에 실린 일본의 조선 공격 가능성 등의 내용이 담긴 문서를 별도의 경로로 조선에 보냈다. 사신단을 통해 전달된 것은 아니었으나, 귀국길에 사신단은 관련 정보를 접했다. 이응준도 사신단의 일원으로 상당한 양의 정보를 공유했다.

1871년 신미양요의 사후 보고를 하러 청에 파견된 것도 1866~1867년 사행 경험이 고려됐을 것이다. 이후 이응준은 1876년 강화도조약 당시 문정역관(問情譯官)으로 참여했다. 1881년에는 서양 기술을 배우기 위해 청에 파견할 유학생에 관한 사전 작업을 위해 톈진에 재자관으로 다녀왔다. 1882년 조미수호통상조약 체결에도 참여해 한국 최초로 태극기를 만들었다. 1871년 윌리엄스와의 접촉은 이응준에게 서양 관련 경험이 축적되어 가는 과정에 있었다.

중국을 떠난 중국통 윌리엄스

두 사람의 만남에서 이응준이 막 성장하는 단계에 있었다면, 윌리엄스는 중국에서의 삶을 정리해 가고 있었다. 윌리엄스는 미국의 동아시아 정책에 지쳤고, 능력도 열정도 없는 외교관들에게 진저리가 났다. 스무 살에 중국행을 택했을 때, 그의 열정은 오로지 선교에 있었다. 본의 아니게 페리 제독의 일본 원정에 참여하면서 외교 사무에 말려들어 그것이 중국 생활에서 큰 부분을 차지했다. 그에게 외교는 또 하나의 선교였다. 제2차 아편전쟁의 결과로 미국도 청과 톈진조약을 맺어, 미국인은 중국 내의 자유로운 통행과 선교의 자유를 얻었다. 윌리엄스는 조약 교섭에 참여하면서 큰 보람을 느꼈다.

하지만 선교의 한계는 명확했다. 크게 세를 넓히지 못했고, 길이 열리기만을 기다렸던 조선은 여전히 닫혀 있었다. 결국 그는 1876년 사직서를 내고 외교가를 떠난다. 중국에 온 지 44년 만의 일이었다.

세상 물정 모르고 종교에 대한 열정이 가득했던 갓 스무 살의 청년은 환갑이 넘어 고향으로 돌아왔다. 청춘을 중국에서 보냈고, 선교에서 큰 성과를 거두지 못했지만, 그는 미국 최고의 중국통으로 성장했다. 중국어에 능통했고, 고대 중국 문화에 조예가 깊었다. 광둥어와 일본어도 능통했다. 중국에서 활동하는 기간에는 중국에 관한 종합 개론서인 『중국총론(中國總論, The Middle Kingdom)』, 중국 지리와 행정구역 정보를 다룬 『중국지지(中國地志, Chinese topography: being an alphabetical list of the provinces, departments and districts in the Chinese empire, with their latitudes and longitudes)』, 중국 상업 가이드인 『중국상무지남(中國商務指南, A chinese commercial Guide)』, 중국어 학습 및 사전류인 『습급대성(拾級大成, Easy Lessons in chinese)』, 『영화운부역계(英華韻府歷階, An English and Chinese Vocabulary in the Court Dialect)』 등 다방면의 중국학 서적을 저술했다.

이런 능력과 업적 덕분에 선교사이자 외교관이었던 윌리엄스는 예일대학의 교수가 되었다. 미국 대학 최초로 중국학

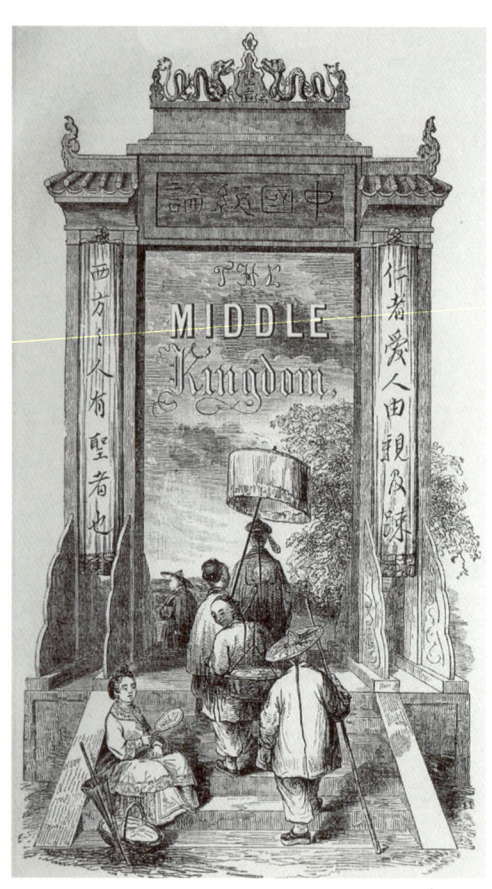

『中國總論(The Middle Kingdom)』1권 표지

윌리엄스(Samuel Williams)가 중국의 지리, 행정, 교육, 사회생활, 예술, 종교 등을 소개한 중국에 관한 종합 개론서이다. 출간 10년 만에 4판이 나올 정도로 인기가 많았다.
Samuel W. Williams, 1848, *The Middle Kingdom: a Survey of the Geography, Government, Education, Social Life, Arts, Religion, Etc. of the Chinese Empire and Its Inhabitants*, vol.1, New York & London: Wiley and Putnam

을 가르치는 자리였다. 그는 충분히 그럴 자격이 있었다. 윌리엄스는 중국에서 젊은 시절의 원대한 꿈을 이루지는 못했지만, 미국 중국학의 서막을 열었다.

전업 외교관
윌리엄 메이어스

옌타이 주재 영국영사의 '조선 원정'

1871년 옌타이 주재 영국영사 윌리엄 메이어스(William F. Mayers, 1839~1878)는 긴박하게 움직여 조선에 억류된 영국인들을 구출했다.

북독일 연방 범선 추산호는 제임스홀군도(Sir James Hall's Group of Island, 소청도, 백청도, 백령도 등 서해 5도) 연안에 난파되었다. 독일 한 명과 영국인 두 명이 그 난파선을 구입했으며, 중국 정크선을 타고 난파선의 화물을 회수하기 위해 출발했다. 지푸(연대)에 그들이 조선인들에게 붙잡혀 투옥되었다는 소식이 전해졌다. 이 원정은 무모했지만, 그 사람들을 그들의 운명에 맡길 수만은 없었다. 여왕 폐하의 영사 메이어스 씨는 그들을 구하기 위해 링도브(Ringdove)호에 올라탔다. 북독일의 소형 구축함 헤르타(Hertha)호가 국익을 위해 함께했다. 링도브호는 7월 7일 제임스홀군도에 도착했고, 이틀 뒤에 외국인이 억류된 섬을 발견했다. 당국과의 접촉이 시작되었고, 그 영국인 두 명과 난파된 추산호의 선원 중국인 6명은 기꺼이 회수한 화물을 포기했다. 그 난파선은 불탄 상태였다. (영국인과 함께 난파선을 구입한) 독일인은 상륙하지 않았으며, 그 섬에도 없었다. 영국인을 체포한 조선인의 의도를 알아챈 정크선의 사람들은 출항해 버렸고, 해안에 사람(영국인)을 버리고 온 사실이 알려질까 두려워, 흔적을 없애고자 남겨진 승객(독일인과 그의 중국어 통역)을 살해했다. 후일 성공적 구출은 휴잇(Hewett) 선장의 링도브호를 보내기로 한 기민한 결정과 메이어스 씨가 상륙해서 적절한 교섭을 한 덕분이었다. 섬들과 수도(한양) 사이에 의사소통이 이루어질 수 있는 시간이 있었다면, 그들은 일반적으로 퍼져 있는 외국인에 대한 격앙의 희생양이 됐을 것이다.

　　당시 상황을 묘사한 이 글은, 『노스 차이나 데일리 뉴스(North China Daily News)』가 1873년 펴낸 『1868~1872년 중국의 정치와 상업에 관한 회고(A Retrospect of Political and Commercial Affairs in China During the Five Years 1868

조선 원정 때 메이어스가 탑승한 링도브호
National Maritime Museum

to 1872)』에 실린 내용이다. 『노스 차이나 데일리 뉴스』는 영국인 헨리 셔먼(Henry Shearman)이 1850년 상하이에서 창간한 『노스 차이나 헤럴드(North China Herald)』 영자 주간지에 뿌리를 둔 신문이다. 셔먼은 1856년 『데일리 쉬핑 뉴스(Daily Shipping News)』를 창간하였으며, 1864년 6월 신문의 이름을 '노스 차이나 데일리 뉴스'로 바꿨다. 당시 중국에 있던 서양인들에게 가장 영향력 있던 신문이었다. 이 신문이 지난 5년을 정리하는 『1868~1872년 중국의 정치와 상업에 관한 회고』에서 메이어스의 '조선 원정' 내용을 실었다는 것은 이 사건이 중국에 사는 서양인들에게 상당히 주목받았음을 보여준다.

메이어스의 영웅담 같은 이 이야기는 너무 압축적이다. 1871년 7월 7일에 백령도 일대에 도착했다면, 신미양요 때 미군이 철수한 직후였다. 6월 1일 손돌목에서 첫 교전이 있었고, 미군은 7월 3일 철수했다. 메이어스가 영국인이 조선의 섬에 압류되어 있다는 소식을 듣고 급히 조선으로 배를 몰아 7월 6일 도착했으니, 그 이전의 북독일 상선의 난파는 신미양요 기간에 이루어졌을 것이다. 조선과 미국이 강화도에서 교전하고 있는 사이, 강화도 서쪽 약 150km 떨어진 곳에서 모종의 사건이 일어났다. 도대체 무슨 일이 있었을까.

북독일 연방의 난파선은 소형 스쿠너인 추산(Chusan)호였다. 유럽인 선장이 배를 지휘하고, 선원은 대부분 중국인이었다. 이 배는 5월 말 옌타이를 출발해 러시아 연해주 남단인 포시예트만으로 향했다. 블라디보스토크에서 남쪽으로 약 200km 정도 떨어진 곳이다. 이 경로는 한반도를 빙 둘러 가야 했다. 황해, 남해, 동해를 모두 거쳐야 하는 만만치 않은 노선이었다. 이 세 바다는 각기 다른 얼굴을 하고 있었다. 수심, 바람, 파도가 크게 달랐다. 해로에 익숙하지 않으면 상당히 위험했지만 그만큼 이윤이 많이 남았다. 추산호는 돈을 벌기 위해 위험을 무릅썼다.

출발 후 며칠은 순조로워 보였다. 황해도를 지나며 안개가 짙게 끼고 파도가 거세졌다. 배를 조심조심 몰았지만, 추산호는 제임스홀군도 부근에서 바위에 부딪히며 난파됐다. 선원들은 다급히 구명정을 타고 탈출해 인근 섬에 상륙했다. 이것이 6월 초이다. 강화도에서 미국과 조선이 전쟁을 벌이고 있던 중이었다. 추산호가 옌타이를 떠날 때 즈음, 미국의 조선 원정 사실이 파다하게 퍼져 있었기에 공격받을지 모른다는 공포감에 떨었을 것이다. 상륙한 섬이 무인도였으면 좋았겠지만, 조선인들이 몰려와 이들을 포위했다.

조선 관원의 조사가 시작됐다. 국적은 어디인지, 어디서 온 배인지, 왜 왔는지 물었다. 조선이 표류민을 대하는 전형적인 방식이다. 조선은 미국과 전쟁 중이었지만 유럽인에게는 적대

존 맥클라우드의 책에 수록된 한반도 주변 지도

John McLeod, 1817, *Narrative of a Voyage, in His Majesty's Late Ship Alceste, to the Yellow Sea, along the Coast of Corea and through Its Numerous Hitherto Undiscovered Islands, to the Island of Lewche: With an Account of Her Shipwreck in the Straits of Gaspar*, London: John Murray

적이지 않았다. 조선 관원은 육로를 통해 중국으로 귀환할 수 있으나, 추산호에 있는 물건은 가져갈 수 없다고 얘기했다. 중국인 선원은 흔쾌히 이 조건을 받아들였다. 자신들의 물건도 아니며 손해의 책임도 없었기 때문이다. 하지만 유럽인 선장과 선원들은 달랐다. 그들이 아시아에 온 이유는 돈 때문이었다. 이들은 육로로 돌아가는 것을 거부하고 두 척의 구명정을 타고 해로를 통해 옌타이로 돌아가기로 결정했다. 작은 구명정에 의지해 황해를 건너 옌타이로 가는 길은 만만치 않았다. 한 척은 파도에 쓸려갔고 한 척만 생존해 돌아갈 수 있었다.

이제 사람들을 모아 난파선에 가 화물을 가져오면 됐다. 하지만 돈이 필요했고, 강화도에서 전쟁이 일어나고 있었다. 또 다시 거친 파도에 난파될지도 몰랐다. 누가 갈 것인가. 난파선의 보험사가 추산호를 경매에 붙였다. 독일인 한 명과 영국인 두 명이 입찰에 참여해 어찌될지 모를 난파선을 낙찰받았다. 이들은 중국 정크선을 구해 난파선을 찾으러 갔다. 추산호가 난파했을 때와 또 다른 분위기였다. 조선이 강화도로 계속해서 병력을 투입하며 전쟁이 한창이었다.

난파선을 발견한 영국인 두 명과 중국인 선원 여럿이 섬에 상륙했다. 조선 관원이 바로 달려와 체포했다. 정크선에 남아 있던 사람들은 상황이 안 좋게 돌아가고 있다는 사실 직감하고 섬을 떠났다. 그런데 중국인 선원들이 조선에서 일어난 일이 커질까 봐 배에 있던 독일인과 그 통역을 죽이고 바다에 버렸다. 이들은 옌타이로 돌아갔고, 난파선을 찾아 떠났던 사람들이 조선에 억류되었다는 사실이 알려졌다. 이때 메이어스가 빠른 판단으로 군함을 이끌고 구출에 나섰다. 메이어스는 조선의 섬에 상륙해 조선 관원과의 적절한 교섭을 통해 잡혀 있던 영국인을 구했다.

조선 문제에 등장한 메이어스

메이어스가 조선 문제에 등장하는 순간이었다. 그는 조선과 청의 문헌에 모두 등장한다. 그의 중국 이름은 매휘립(梅輝立)으로, 장연부사(長淵府使) 이창호(李昌鎬)가 그와 교섭한 후 조정에 보고한 문서에 나온다. 청 문헌에도 나오는데 매휘립이 사건의 경과를 청에 알렸기 때문이다. 청은 조선에 생사를 확인하지 못한 외국인이 구류되어 있다면 표류민의 예에 따라 처리하라고 자문을 보냈다.

몇 년 뒤 메이어스는 다시 조선과 엮이게 된다. 조선 개화사상의 선구자로 알려진 오경석의 유일한 사진에 매휘립이라는 이름이 등장한다. 유일하게 전하는 오경석의 복사본 사진 좌우에는 "선부군 사십이세, 고종 구년 임신 사진, 세창기(先附君四十二歲, 高宗九年壬申寫眞, 世昌記)", "북경 법국공사관, 참찬관 매휘립 촬영, 불초 재동경 복사본(北京法國公使館, 參贊官梅輝立撮影, 不肖在東京複寫本)"이라는 문구가 적혀 있다. 문구 그대로 이해한다면, 프랑스 참찬관 매휘립이 촬영했다는 얘기다. 그런데 이상하다. 메이어스는 영국의 외교관이다. 프랑스 참찬관이라는 기록은 오경석의 아들 오세창이 잘못 쓴 것이다. 고종 9년(1872)도 오기이다. 하지만 이 사진은 메이어스와 오경석이 모종의 접촉이 있었음을 보여준다.

메이어스는 1831년 호주 태즈메이니아(Tasmania)에서 마이클 메이어스(Michael J. Mayers) 목사의 아들로 태어났다. 그의 아버지는 군목으로 여러 곳에서 활동을 했다. 프랑스 마르세유의 영사관의 군목으로 꽤 오랫동안 일했는데, 메이어스는 아버지를 따라 마르세유에서 지내며 교육을 받았으며, 학업을 마친 후에는 1년 정도 미국 뉴욕의 신문사에서 일하기도 했다.

영국은 1858년 청과 톈진조약 체결 후 중국에서 일할 학생 통역관을 모집했다. 프랑스인 가브리엘 드베리아가 비슷한 시기 기회를 잡아 중국에 왔듯, 메이어스도 학생 통역관에 선발되어 1859년 중국에 왔다. 중국에서 중국어를 배웠고, 1871년 3월부터 1873년 5월, 옌타이 주재 영국영사관의 영사를 맡았으며 이탈리아 영사직도 겸했다. 조약을 맺었어도 외교 관원을 곳곳에 파견할 여력이 안 되는 국가는 우호 국가에 영사 업무를 위탁하는 경우가 많아 겸직이 가능했다.

토머스 웨이드(Thomas F. Wade)
Royal Asiatic Society of Great Britain and Ireland

1873년 5월 이후에는 베이징으로 자리를 옮겨 주중 영국 공사관에서 중국어 서기관(chinese secretary)으로 일했다. 당시 영국공사는 유명한 중국학자인 토머스 웨이드(Thomas F. Wade)였다. 지금은 중국어를 로마자로 표기할 때 중국어 병음을 사용하지만, 그 이전에는 웨이드와 자일스가 고안한 웨이드-자일스 표기법을 많이 썼다.

조선에까지 눈을 돌린 중국학자

웨이드의 명성에는 못 미쳤지만, 메이어스 역시 대단한 중국학자였다. 『중서 역법 설명서(The Anglo-Chinese Calendar

Manual)』(1869), 『중화제국과 외국 열강 간의 조약(Treaties between the Empire of China and Foreign Powers)』(1877), 『중국 정부(The Chinese Government)』(1878) 등의 책을 썼으며, 포송령의 『요재지이(聊齋志異)』, 조설근의 『홍루몽(紅樓夢)』 등 중국 고전소설의 주요 내용을 골라 번역해 서양에 소개할 정도 뛰어난 한문 실력을 지녔다.

1874년 4월 『중서문견록(中西聞見錄)』 「원대 중국에 온 서양인(元代西人入中國述)」이라는 글에 영당거사(映堂居士)라는 사람이 실렸다. 이 글은 마르코 폴로 여행기를 다뤘다. 지금이야 중국인이라면 누구라도 마르코 폴로를 알지만, 당시에는 매우 낯선 인물이었다. 중국학계의 중서문화교류사 개척자인 샹다(向達, 1900~1966)는 이 글을 읽고 탄복하면서, 저자를 알 수 없는 중국인 학자로 생각했다. 하지만 영당거사는 중국인이 아닌 바로 매휘립이다. 『중서문견록』은 1872년 청나라의 외국어 교육기관인 동문관 교사 윌리엄 마틴(丁韙良, William A. P. Martin)이 창간한 잡지로 서양 지식과 국제정세를 소개했다. 마틴을 비롯해 중국 고전에 탁월한 능력을 지닌 서양인들이 많은 글을 썼기에 딱히 기이한 일은 아니었다.

메이어스는 서양인이지만, 고전 중국학에 조예가 깊어 조선인과 필담을 나누는 데 전혀 문제가 없었다. 그는 1871년 '조선 원정'을 계기로 조선에 더욱 관심을 갖게 됐다. 선교사이

「원대 중국에 온 서양인(元代西人入中國述)」 부분
메이어스가 마르코 폴로에 관해 중국어로 쓴 글이다.
William F. Mayers, 1874, 『中西聞見錄』21

자 외교관이었던 사무엘 윌리엄스처럼 종교적 관심 때문은 아니었다. 병인양요, 제너럴셔먼호사건, 남양군묘 도굴 미수사건, 신미양요 등 서양 열강과 조선의 충돌이 잦아졌다. 조선이 계속 문호개방을 거부한다면, 머지않아 영국과도 충돌할 가능성이 컸기에 조선 문제를 주의 깊게 살필 필요가 있었다.

조선 개항가 오경석과의 만남

1873년 메이어스는 옌타이에서 베이징으로 옮겨 조선인을 만날 기회가 생겼다. 1874년 초 조선 사신이 베이징에 도착했다. 정사 정건조가 이끄는 삼절연공사였다. 정기 사행이었지만 이번 사행은 특별했다. 조선의 대외정세가 긴박하게 돌아갔기 때문이다. 1871년 신미양요가 발생하였다. 같은 해 일본은 청과 청일수호조규를 체결해 근대적 관계를 맺었다. 조선에는 국서를 지속적으로 보내 근대적 조약 체결을 요구했다. 위기 속에서 박규수 등의 영향으로 고종의 서양 인식에 변화가 일어나기 시작했다. 고종은 청에 다녀온 사신의 보고에 많은 관심을 가졌다. 이에 베이징으로 떠나는 정사 정건조에게 정세를 자세하게 탐문하고 올 것을 분부하였다. 정건조는 전통적 조선 사무를 관할하는 예부상서 만청려에게 만남을 요청했다. 예부상서는 조공국 사신을 함부로 만날 수 없었다. 외국과 내통한다는 의심을 받을 수 있었다. 이것은 전근대 중국의 대외관계에서 '인신무외교(人臣無外交)'라 불리는 오랜 전통이었다. 하지만 세상이 바뀌었다. 중국도 더 이상 '오랑캐'라 부를 수 없는 서양 세력이 베이징을 넘어 조선을 덮치기 직전이었다. 몰려드는 서양 세력을 견제해야 했다. 만청려는 정건조의 접견 요청을 받아들였다. 그만큼 상황이 급박했다. 청도 조선도 조금씩 변화를 모색했다. 메이어스에게 조선 사절과 대화를 나눌 기회가 있을지도 몰랐다.

메이어스는 조선 사신에게 이야기를 나누고 싶다고 서신을 보냈으나 바로 거절당했다. 고종이 조금씩 움직이기 시작했지만 흥선대원군이 만든 척화의 분위기는 여전히 거셌다. 조선인이 서양인을 잘못 만났다가는 매국죄로 목이 달아날 수도 있었다. 그런데 1874년 3월 6일, 조선인 두 명이 메이어스의 관소에 불쑥 나타났다. 한 명은 오경석이었고, 다른 이는 그의 종복이었다. 오경석은 깜짝 놀란 메이어스에게 자신을 사역원 3품 관리로, 대대로 역관을 해 온 가문 출신이라고 소개했다. 서양 물정을 소개한 위원(魏源, 1794~1856)의 『해국도지(海國圖志)』를 숙독했으며, 베이징에 올 적마다 『중서문견록』을 구해 읽었다고 얘기했다.

메이어스의 눈에 오경석은 외부 사정을 어느 정도 파악하고 있으며, 외국에 편견이 없어 보였다. 조선인 삼사는 서양인

영국공사관 건물
Lai Afong(黎芳), Cornell University Library

과의 만남을 금기시했지만, 오경석은 분명한 목적을 가지고 찾아왔다. 바로 조선의 개항이었다. 어떤 방식이든 상관없었다. 오경석은 근심 가득한 표정으로 일본에 대해 물었다. 특히 일본이 조선을 공격할 준비를 갖추는 데 얼마나 걸리는지 알고 싶었다. 그러면서 메이어스에게 앞으로 일본과의 충돌은 불가피하며, 머지않아 조선도 청이나 일본처럼 틀림없이 외국 국가들과 교류의 장에 진입하리라 내다봤다. 그러면서 조선 정부가 외국과 교류한다면, 정말 기쁠 것이라고 얘기했다. 하지만 구체제를 고수하는 지배층의 외국 세력에 대한 반감이 너무 깊어, 조선의 변화는 무력으로만 가능할 것이라고 확신했다.

오경석의 국제정세 파악은 정확했다. 실제로 얼마 뒤 조선은 운요호사건을 계기로 일본과 강화도조약을 맺었다. 1882년에는 미국과 조미수호통상조약을 체결하며 외국 열강과 본격적으로 교류를 시작했다. 하지만 메이어스를 만났을 때, 그것은 미래의 일이었다. 위태로운 상황을 너무나 잘 알았기에 오경석은 괴로웠다. 조선은 개항할 생각이 없으니, 그가 할 수 있는 일은 거의 없었다. 메이어스에게 한탄과 자신의 희망을 털어 놓는 게 전부였다.

조선 백성들은 그들의 잘못으로 인한 적대감으로 고통받게 될 것입니다. 그러나 당신네들이 진실로 조선에 오겠다면 충분한 무력과 함께 문제(조약 체결)를 해결할 때까지 조선에 머무르겠다는 결정을 해야 합니다. 만약 미국이 1871년에 후퇴하지 않고 두 달 동안 (조선에) 주둔해 있었다면 대원군은 자신감을 잃고 사퇴했을 것입니다. 귀하는 제가 한 말들에 대해서 놀랐을지도 모릅니다. 그러나 저는 조국에 대해 우려와 슬픔을 느끼고 있으며, 현재의 쇄국정책은 지속될 수 없음을 알고 있습니다.

_ Memorandum of Interview with Corean Commissioner, Peking, March 6, 1874, FO.17/672, no.25, UK National Archives

대원군은 미군을 격퇴하자 조선이 사악한 서양과 맞서 스스로를 지킬 능력이 있다며 의기양양했다. 신미양요 때 미국이 조선을 개항시켜 줄 것이라고 기대했던 오경석은 철저히 준비하지 않고 조선 원정에 나선 미국에 실망했지만, 대원군의 생각은 망상에 불과하다고 확신했다. 만약 미군이 철수하지 않고 두 달가량 버텼더라면, 대원군은 자신감을 상실하고 물러났을 거라고 생각했다.

오경석이 메이어스에게 조선에서 목이 달아날지도 모를 위험한 생각을 쏟아낸 것은 단순한 푸념이 아니었다. 3월 27일 베이징을 떠나기 직전, 그는 메이어스를 다시 방문했다. 2시간 동안 대화가 이어졌고, 메이어스는 다음과 같이 기록했다.

두 시간이 넘게 진행된 대화에서 그는 완고한 무지 속에서 스스로 어떤 침략자도 물리칠 수 있다고 믿는 동포들의 맹목적인 자신감을 계속해서 한탄했습니다. 그리고 그는 머지않아 유럽 열강이 군대를 동원해서 조선 정부로 하여금 그 은둔 체제를 포기시켜 주기를 바란다는 기묘한 희망을 표명했습니다. 그는 자신의 발언을 설명하기를, 자신은 일본이나 유럽의 침공을 불가피한 것으로 간주하며, 그렇다면 대대로 조선의 적국인 일본보다는 차라리 조선을 보다 인도적으로 대할 것으로 생각되는 유럽에 의해 실현되는 편이 낫다고 했습니다. 그는 또 자신의 동포들은 지위고하를 막론하고 외부세계에 관한 모든 것에 무지하며, 만약 그가 서울에서 외국에 관해 개인적으로 가진 의견을 단 한마디라도 발설한다면 자신의 목이 달아날 것이라는 말을 반복했습니다. 또한 그는 사절단의 다른 동료들 가운데 그가 저를 찾아온 사실을 아는 이는 아무도 없으며, 실제로 그가 데려온 개인 수행원 1명을 제외한 모든 이에게 엄중한 비밀이라고 다시 한 번 강조했습니다.

_ Farewell Visit from Corean Commissioner, Peking, March 27, 1874, FO17/672, no.49, UK National Archives

오경석의 바람은 메이어스의 표현을 빌리자면 '기묘한 희망'이었다. 자기 나라를 공격해 달라고 하니 기이하지 않은가.

그런데 그냥 하는 말이 아니었다. 다음 해 오경석은 또 삼절연공사의 수역으로 베이징에 와 메이어스를 방문했다. 지난해와 마찬가지로 유럽 열강이 무력으로 조선을 압박해 주길 희망했다. 조선은 저항할 수 있는 군사력이 없기에 적당한 군대 동원으로도 조선을 개항시킬 수 있을 것이라고 설명했다.

메이어스는 척화비가 세워진 조선에서 '개항가(開港家)'라는 '오명'이 붙은 오경석의 기이한 희망을 어떻게 생각했을까. 그는 오경석과의 발언을 정리하여 본국에 보고했다. 자신의 의견은 거의 담지 않고 오경석의 발언을 중심으로 보고서를 정리했다. 조선 원정을 결정하는 것은 자신의 권한 밖이었기 때문에 메이어스가 어떻게 생각하는가는 중요하지 않았다. 오경석을 만나 조선이 어떤 상황인지 파악하는 것으로 충분했다. 메이어스의 보고를 받은 영국은 끝내 움직이지 않았다. 중앙아시아에서 러시아와 '그레이트 게임'을 펼치고 있는 상황에서 조선까지 신경 쓸 틈이 없었다. 러시아가 동쪽에서 어떠한 움직임을 보인다면 상황이 달라지겠지만 아직은 아니었다. 그리고 10년 뒤인 1885년 영국은 불법으로 거문도를 점거했다.

뜻을 펼치지 못하고 눈을 감다

메이어스와의 만남은 1875년이 마지막이었다. 오경석은 더 이상 청에 파견되지 않았다. 그렇다고 실망할 일은 아니었다. 그런데 '기묘한 희망'이 엉뚱하게 이루어졌다. 얼마 안 있어 운요호사건이 발생했고, 다음 해 조선은 일본과 강화도 조약을 맺었다. 조약 체결 이후 조선이 천지개벽하듯 변한 것이 아니기에 오경석의 마음에 차지 않았겠지만, 그의 희망은 어느 정도 이루어졌다. 조선 문호에 작은 균열이 생기고 변화가 시작됐다. 1882년에 이르면 조선은 미국 등 서구 열강과 조약을 맺으며 본격적으로 문을 열었다. 안타깝게도 오경석은 그 모습을 보지 못하고 1879년 세상을 떠났다.

메이어스도 비슷한 시기에 세상을 떠났다. 1878년 38살에 장티푸스로 상하이에서 죽었다. 오경석이 서양 여러 나라와 교류하는 조선을 보지 못한 채 생을 마감한 것이 안타깝다면, 메이어스는 자신의 능력을 널리 알리지 못하고 세상을 뜬 것이 안타깝다. 19세기 격동의 아시아를 거쳐 갔던 저명한 서양인 중국학자들은 말년에 고국으로 돌아가 중국통으로 명성을 쌓았으나, 메이어스는 타향에서 쓸쓸히 생을 마쳤다.

안타깝지만 그의 삶이 헛되지는 않았다. 그의 재능을 아끼고 사랑하는 한 중국인이 묘지명을 써줬다. 중국의 전통 문화

증기택(曾紀澤)
The Illustrated London News,
1890.4.19.

에서 친한 벗의 묘지명을 쓰는 것은 흔하지만, 중국인이 서양인 벗에게 묘지명을 쓰는 것은 극히 드문 일이었다. 그의 묘지명을 써준 이는 청 말 저명 외교관 증기택(曾紀澤, 1839~1890)이었다. 그는 증국번의 장남으로 영국공사를 역임했으며, 제국주의 침략 앞에 중국이 잠에서 깨어나길 바라며 외교 일선에서 분투했다. 메이어스와 같은 해에 태어났던 증기택은 긴 글로 영국 식민지에서 태어나 본토로 돌아가지 못하고 중국에 묻힌 메이어스를 추모했다. 그리고 얼마 안 있어 공사직을 수행하기 위해 메이어스의 나라인 영국으로 떠났다.

메이어스는 중국인과 우정을 나눌 줄 아는 사람이었다. 메이어스가 본국에 보고한 오경석과의 대화 내용은 건조하기 짝이 없지만 과연 그런 얘기만 했을까. 오경석의 절망과 희망에 귀 기울였듯, 증기택과 우정을 나눴듯, 오경석과도 마음이 통했을 것이다. 하늘이 그들에게 시간을 좀 더 주었다면 둘은 좋은 친구가 되었을 수도 있었을 것이다. 그렇지 않고서야 오경석이 '기묘한 희망'을 허심탄회하게 이야기할 수 없었을 것이다. 메이어스가 조금 더 오래 살았다면, 오경석도 오래 살았다면, 그래서 조선이 1882년이 미국, 영국 등과 조약을 체결한 후 둘이 만났다면 어떤 이야기를 나눴을까 궁금하다.

증기택의 문집에 실린 메이어스의 묘지명

　　기택은 일찍이 육서와 훈고의 학문을 닦았으니, 그 학술을 멀리서부터 이어오고 두루 수집하여, 그 같고 다름을 참고하고 살피고자 하였다. 동치(1862~1874) 말년, 아버지의 장지에 여막을 짓고, 흙을 덮어 묘지를 만든 후, 내가 예전에 알고 있던 쌍성(雙聲), 첩운(疊韻), 음화(音和), 상격(類隔)의 방법을 가지고 서양의 자모를 나눠 음을 취하는 법을 시도하여, 그 차이를 파악하고 그 회통함을 보았다. 한참 지나 영국 언어와 문자를 다소 이해할 수 있게 되었으나, 궁벽한 곳에서 친구와 강론하고 논증함이 없으니, 감히 '문을 닫고 수레를 만들어 문밖으로 나서면 바퀴 폭이 들어맞다'고 할 수밖에 없었다.

　　광서 정축년 의용후(毅勇侯)를 승계하여 수도에 들어왔을 때, 자금성 동남부에 잠시 거주하였는데, 서양 각국 정부가 고용한 사절의 관사에 이웃하였다. 영국 한문정사 메이어스는 부사 바이런 브레넌(Byron Brenan)과 함께 살았는데, 명성을 듣고 방문하여, 온종일 거리낌 없이 얘기를 나누었다. 그리고 학자들이었던 영국의 조셉 에드킨스(Joseph Edkins), 존 더전(John Dudgeon), 미국의 윌리엄 마틴(William A. P. Martin)과도 차례로 가르침을 얻고 교분을 맺었다.

더전은 의학에 정통하여 진료를 청하는 이들이 잇달았으며, 의술에 투신하여 죽어가는 이를 소생시켰다. 틈틈이 은미한 것들을 밝혀 책 한 질을 저술하여, 중국 의술의 잘못을 바로잡고 미비한 부분을 보충하였다. 에드킨스는 경학에 조예가 깊었고, 국조(國朝)의 전(錢, 전대흔), 대(戴, 대진), 단(段, 단옥재), 엄(嚴, 엄가균)의 저작을 자세히 연구하고 깊이 탐구하여, 모든 학설을 절충함이 지당하고, 옳은 것은 옳고 그른 것은 그르다 하여, 비록 그들이 살아난다고 해도, 반드시 상심하여 수긍하였을 것이다. 마틴은 동문관 총교습으로, 서양의 책에서 중국에 도움이 되는 것을 취하여 정치, 학술, 문물을 널리 알리는 내용을 차근히 번역하여 책으로 만들었다. 메이어스는 중국 학자의 서적에서 공사를 막론하고 이로운 것을 뽑아 그 이치를 연구하여 서양말로 펴냈는데, 마틴과 한 일은 다르지만 그 뜻은 같았으니 각기 직분을 다할 따름이었다. 네 사람이 각기 특기가 있었으나, 메이어스는 가장 어리면서도 도량과 재능의 광활함은 하나의 장기로 제한할 수 없었으며, 그 확장에 경계가 없었으니 내가 존경하는 벗이다.

음력 2월 초, 메이어스는 잠시 본국으로 돌아간다고 내게 와

이별을 고했다. 손을 맞잡고 슬퍼하며 다음에 보자고 약속였는데, 갑자기 경악할 소식이 급히 전해오니, 메이어스가 전염병으로 상하이에서 죽었다는 소식이었다. 겨우 38살이다. 그리움이 사무치니, 하늘이 그의 천수를 다한 것에 슬프도다! 저술한 근 백 권의 책은 서양어가 주를 이루어, 학문을 하는 이 중 능히 그 뜻을 이해하는 이가 드물다. 만약 학문에 힘쓰며 견식이 넓은 이가 그것을 중국어로 풀어낸다며, 부국강병에 요긴하고, 폭력을 엄금하고 백성을 평안하게 하는 데 효과가 있으니, 다만 서양인에게만 이로움이 있는 것이 아니다.

메이어스는 공순하고 정연하며, 유생의 의복을 입고, 총명하고 권모가 있어, 한번 보는 것으로 그 마음속이 얼마나 깊은지 가늠할 수 없는 자이다. 또한 남의 마음을 힘써 헤아려 능히 교제할 수 있고, 의심하거나 질투하는 마음이 없다. 죽은 날 중국과 서양인사, 메이어스의 친구들은 탄식하고 슬퍼하였다. 심지어 흐르는 눈물을 멈출 수가 없었다. 그의 집사는 공사관에 종사하는 이로, 부고를 듣고 방성통곡하며 비통해 하니, 사람을 감화시키는 자혜로움을 증험해 준다 하겠다.

메이어스는 이미 죽었고, 마틴, 에드킨스, 브레넌, 더전이 내게 "메이어스 선생은 상국의 사대부와 교류하여 도타움이 이를 때 없으니 소위 도의를 다한 진심어린 우정이었다. 메이어스 선생이 세상을 떠났는데, 내가 한 마디 말이 없을 수 없다"고 말하였다. 나와 메이어스는 근년에 교분을 맺어, 그 선대의 가계를 자세히 알지 못하니, 서양 문사들이 필히 그것을 서술할 자가 있을 것이다.

메이어스의 휘는 휘립(輝立), 자는 영당(映堂)이다. 아무개 씨와 혼인해 자녀 둘을 두었는데, 모두 겨우 몇 살에 지나지 않으나 재능이 뛰어나 두각을 보이니, 어려움을 극복하고 스스로 서 전인(아버지)의 훌륭함을 이을 것이다. 서양 풍속은 고집스럽게 유골을 고향으로 가져가는 것을 중요하게 여기지 않는다. 바람과 파도가 쳐 멀고 험난하여 돌아가는 데 어려움이 있으니, 귀하게 살다 가볍게 죽은 것은 아니다. 메이어스는 상하이에서 생을 마쳤고, 그 가족과 친우는 그를 상하이에 묻었다. 나는 묘지명에 다음과 같이 적었다.

공자께서는 우뚝 솟아, 아홉 오랑캐에 살고자 하고, 여러 나라 관직을 거쳤으니, 어찌 정해진 스승이 있었겠는가? 장횡거(張橫渠)께서는 순수한 유학자로 불교와 노장에 접어들기 시작하며, 박약하고 질서가 있게 되어 도에 이르렀다. 수준 낮은 선비는 꼿꼿하여 무지함을 부끄러워하지 않는다. 누가 얼음을 잡고 여름 곤충을 탓할 수 있는가. 관직이 있거나 지체 높은 사람은 변경에 대해 이야기하기를 꺼리며, 자신의 보잘 것 없음을 탄식하며, 완강히 거절하고 굳건히 문을 잠글 뿐이다. 백 개의 입이 똑같은 소리를 내고, 남들은 가치 없는 돌이라 하며, 도리어 우리는 아름다운 옥이라 하고, 과장하며 서로 어울리니, 거짓으로 빌붙어 부끄러워하지 않고, 이치가 있고 사람이 뛰어난 것을 약함을 보이는 것이라 얘기한다. 주변을 흘겨보며 헛된 얘기만 하면서, 어찌 위세를 세울 수 있겠는가? 적절하지 못한 일을 비난하고 반박하며 이치에 어긋나니, 마땅히 비웃음을 사게 된다. 약이 되는 말을 기꺼워하면 아름다운 병은 치유되고, 흙먼지를 마다하지 않으면 겹겹의 봉우리가 날로 높아진다. 그 메이어스와 같은 이가 어찌 비범한 사람이 아니겠는가! 시, 서, 예, 악, 금판, 육도, 옛 학문과 새로운 지식을 함께 빚어 겸비하여, 서적이 쌓이니, 몸은 사라졌으나 이름은 남았다. 오직 학문에 전념했던 뜻, 우리 벗들은 그만 못하네. 무덤 돌을 영원히 세워 찾아오는 이들은 거울로 삼으리라.

_曾紀澤, 1893,「大英國漢文正使梅君碑銘」,
『曾惠敏公遺集』文集 卷3, 江南製造總局

에필로그

중국에 있던 서양인 중 종교적 신념으로 몰래 조선에 들어가는 이도 있었고, 해안에서 접촉을 시도하는 무역상도 있었다. 제2차 아편전쟁 이후 청과 조선의 접경지역에서 조선인을 만난 이도 있었다. 조선인을 베이징에서만 만났던 것은 아니다. 제2차 아편전쟁 이후 중국 전역이 서양에 열리며, 육로로 조선에 들어가지 못할지라도 청과 조선의 접경지역에서 조선인들 만날 수 있었다. 종교적 신념이 강했던 알렉산더 윌리엄슨(Alexander Williamson, 韋廉臣, 1829~1890)은 압록강 부근에서 조선인을 마주쳤다.

윌리엄슨은 스코틀랜드 출신 선교사이다. 1855년 윌리엄 록하트가 소속된 런던선교회의 선교사로 중국에 파견되어 선교 활동을 하였다. 중국 생활이 순탄하지는 않았다. 그는 신앙을 위해 전념할 모든 준비가 되어 있었으나, 2년도 안 돼 건강이 좋지 않아 귀국했다. 이후 런던선교회는 그의 건강 문제를 이유로 중국에 다시 파견하지 않기로 결정했다. 중국 선교를 갈망하던 윌리엄슨은 절망했다. 하지만 그는 희망의 끈을 놓지 않았고, 1863년 스코틀랜드 성서공회를 찾아가 중국 북부 지역의 선교 활동을 위해 파견해 달라고 청했다. 처음에는 거부당했지만, 끈질기게 설득해 결국 허가를 받아냈다.

1863년 12월 다시 중국 땅을 밟았다. 기착지는 상하이였다. 한 달 뒤에는 산둥 옌타이로 옮겨 본격적인 선교 활동에 나섰다. 중국에서 생활이 점차 안정되자 윌리엄슨은 옌타이를 거점으로 활동 영역을 넓혔다. 1866년에는 배를 타고 옌타이에서 출발해 잉코우에 도착했다. 쌍청, 아청, 이란 등지에서 선교 활동을 펼쳤고 1867년 청과 조선의 변경지역인 평황성(鳳凰城)으로 향했다. 그는 이전부터 조선 선교에도 관심이 있었다. 병인박해로 병인양요가 일어났고, 복음을 위해 제너럴셔먼호를 타고 조선으로 향했던 런던선교회 소속의 로버트 토마스가 대동강변에서 죽자 윌리엄슨의 조선을 향한 마음은 더욱 커졌다. 복음의 열정으로 책문에 갔다. 병인양요와 제너럴셔먼호사건으로 조선에 서양에 대한 반감이 크게 고조되어 위험할 수 있었음에도 멈추지 않았다.

평황성을 지나 그 유명한 '고려문'으로 갔다. 고려문은 청으로 들어가기 위한 변경 관문이었다. 조선 사신이 청에 사행을 갈 때면 이 문을 반드시 통과했다. 주변에는 목책을 세워 경계를 정하였는데 청은 책문과 압록강 사이의 땅은 사람이 들어가 살 수 없도록 했다. 일종의 완충지대였다. 윌리엄슨은 '고려문'과 목책의 소문을 익히 들었기에 한껏 기대했다. 하지만 자신이 상상하던 모습은 아니었다. 나라와 나라 사이의 경계에 걸맞는 규모가 아니었다. 고작 문 한 칸에 적당히 짐을 실은 수레가 지나갈 수 있을 정도였다. 목책이라는 것도 불과 몇 미터에 걸쳐 세워져 있을 뿐이었다.

그래도 운이 좋았다. 윌리엄슨이 방문했을 때 책문후시(柵門後市)가 열리고 있었다. 조공사행 때 열리는 시장이 아닌 변경에서 열리는 시장이었다. 활기가 넘쳤고, 모자, 면, 비단, 인삼 등 다양한 물품이 거래됐다. 그는 많은 조선인을 만날 수 있었다. 예상했던 것보다 조선인들은 훨씬 더 예의 바르고, 중국어를 조금 할 줄 알았으며, 매우 호기심이 많았다. 어떤 조선인은 그에게 그림을 그려 주기도 했다.

호의적인 분위기 속에서 윌리엄슨은 조선인들에게 기독교 서적을 나눠 주었다. 책을 받은 몇몇 사람들이 돌려주기도 했으나, 책을 받아간 이들도 있었다. 병인양요가 일어난 것이 불과 한 해 전이라 서양인을 경계할 법한데, 전혀 그렇지 않았다. 변경지역에서 청나라 사람들과 마주치며 장사를 하는 사람들이어서 보다 열린 마음을 가지고 있었을까. 어쨌든 이러한 조선인들의 모습은 윌리엄슨에게 좋은 인상을 남겼다.

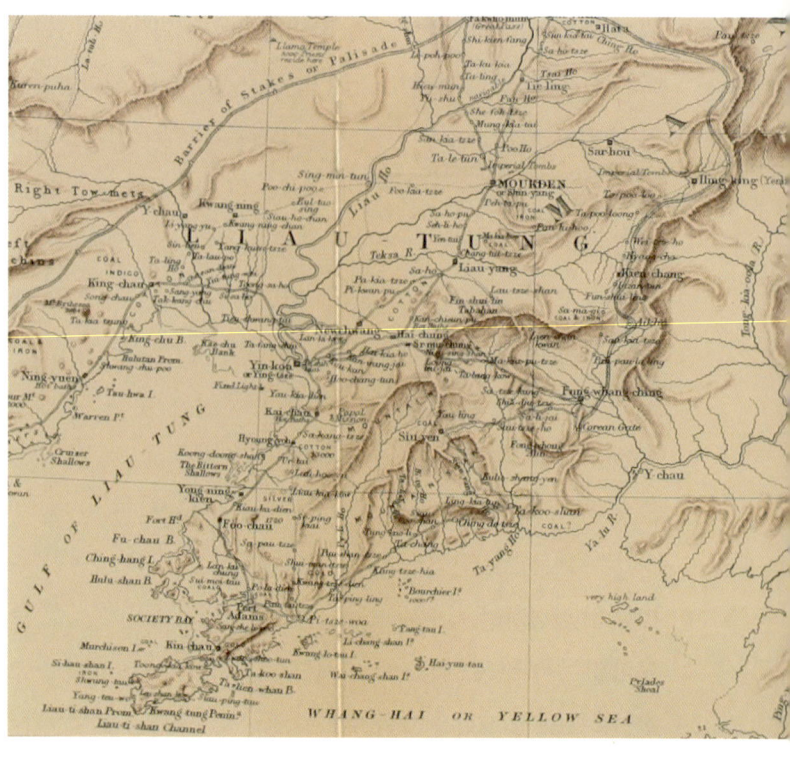

윌리엄슨의 책에 실린 만주 지역 지도(좌)

Alexander Williamson, 1870, *Journeys in North China, Manchuria, and Eastern Mongolia: With Some Account of Corea*, London: Smith, Elder and Co.

윌리엄슨의 책에 실린 조선인 삽화(우)

Alexander Williamson, 1870, *Journeys in North China, Manchuria, and Eastern Mongolia: With Some Account of Corea*, London: Smith, Elder and Co.

윌리엄슨은 그곳의 사람들이 예의바르고 선하며, 근면하고 지혜롭다고 여겼다. 다만 안타깝게도 그곳의 통치자들이 문을 걸어 잠그고 있으니 그것을 깨뜨릴 필요가 있다고 봤다. 전쟁은 악한 것이지만, 가능하다면 무력을 통해 조선을 개방시켜야 한다고 생각했다.

윌리엄슨의 고려문 경험은 당시 중국 북부 일대에 금세 소문이 났다. 그 이야기를 접한 이가 있었으니, 근대 중국 지질학의 아버지라는 칭호를 라파엘 펌펠리에게 뺏긴 페르디난트 폰 리히트호펜이다. 실크로드를 의미하는 '자이덴트라쎄(Seidenstraße)'라는 용어를 처음 사용한 리히트호펜은 독일 동아시아 연구의 창시자라고 해도 과언이 아니다. 그는 훔볼트 대학교에서 의학을 공부했으나, 지질학에 관심이 많아 1859년 오일렌부르크 백작이 이끄는 동아시아 탐사대에 참여했다. 이 탐사대를 파견한 이는 후일 독일 제국의 초대 황제가 되는 빌헬름 1세(Wilhelm Friedrich Ludwig von Preußen)였다. 1858년 그는 형이자 프로이센왕국의 국왕인 빌헬름 4세가 심신미약으로 국정을 운영할 수 없게 되자 섭정을 하게 된다. 그는 개혁 드라이브를 강하게 걸었다. 대외 정책에도 변화를 주었으며, 동아시아 국가들과의 조약 체결 및 통상을 위하여 오일렌부르크 탐사대를 파견했다.

탐사대는 일본, 필리핀, 태국, 미얀마, 중국 등을 방문했고, 1861년 영국을 견제하기 위한 프랑스의 지원을 받으며 청과 반년이 넘는 지난한 협상을 통해 조약 체결에 성공했다. 이때 큰 공을 세운 사람이 막스 폰 브란트이다. 1872년부터 일본 주재 공사로 일했고, 1875년에는 베이징으로 옮겨 공사직을 수행했으며, 1882~1883년 조선이 독일과 수호통상조약을 맺는 데도 중요한 역할을 했다.

프로이센과 청이 조약을 체결하자 리히트호펜은 중국을 탐사하고 싶은 마음이 굴뚝같았다. 하지만 중국이 전면 개방된 지 얼마 안 된 상황에서 중국 내지를 여행하기에는 위험 요소가 너무 많았다. 중국 남쪽 지역은 여전히 태평천국이 점하고 있어 조사하기 쉽지 않았다. 게다가 탐사대의 주목적은 지질 조사가 아니었다. 탐사대에서 이탈해 단독으로 활동한다면 적잖은 사비가 필요했다. 모든 여건이 그의 중국 조사를 가로막았다. 만약 이때 그가 과감히 중국 안으로 들어갔다면, 펌펠리보다 먼저 근대 중국 지질학을 개창한 인물이 되었을 것이다.

최초가 되지 못한 것은 아쉽지만, 그는 포기하지 않았다. 1862년 탐사대 임무를 끝내고, 미국으로 가 광산개발로 돈을 벌며 차근차근 준비했다. 드디어 1868년 중국으로 떠나 1872년까지 중국 전역을 돌며 샅샅이 조사했다. 1868년 산둥 지역을 조사할 때, 리히트호펜은 옌타이에서 고려문에 관한 이야기를 듣고, 고려문으로 건너가 후시에서 장사하는 조선인들을 만났다. 그 경험은 그가 현지 조사와 연구를 바탕으로 출간한 『중국(China)』 제2권과 1907년 출간한 여행기인 『페르디난트 폰 리히트호펜 중국여행일기(Ferdinand Von Richthofen's Tagebücher Aus China)』에 실려 있다.

『중국』에는 한국과 관련해 지리, 상업, 조선인의 성향 등 재미있는 이야기 많이 나온다. 책문후시에서 팔리는 조선 상품을 비중에 따라 소개했다. 가장 많이 팔리는 물건은 쇠가죽이었고 그다음으로 살쾡이, 여우, 호랑이 등의 모피가 뒤를 이었다. 한국산 종이도 많이 팔렸다. 명주는 가장 낮은 비중을 차지했다. 약재로 인삼이 많이 거래됐는데, 인삼은 지린(吉林) 인삼보다 낮게 평가된다고 설명했다.

조선인의 외모와 성격에 대해 평한 부분이 상당히 흥미롭다. 유럽인과 외모가 비슷하며 매우 청결하며, 예의 바르고 호기심이 많다고 평했다. 잠깐의 경험이었지만, 조선인에게서 상당히 좋은 인상을 받았다. 그래서일까, 그는 앞으로 제국주의 열강들이 조선에 가할 압박과 그것이 가져올 변화를 걱정했다. 하지만 조선이 외국인을 알게 되고, 그들을 환대한다면 유럽 문명국의 친구가 될 것이라고 예상했다. 물론 이런 인상은 베이징에 사행을 온 조선 사절에 대한 인상과 전혀 다르다고 했다. 자만하고 불손하다는 인상이 있었다고 했다. 하

『중국』 제2권에 실린 고려문
Ferdinand Von Richthofen, 1882, *China: Ergebnisse Eigener Reisen un Darauf Gegründeter Studien*, 2, Berlin: Verlag von Dietrich Reimer

지만 그것은 대국의 수도에서 소국의 사신이 취할 수 있는 피치 못할 태도였다. 조선 조정이 서양을 강력하게 배척하는 상황에서, 사절이 행할 수 있는 태도는 매우 제한적일 수밖에 없었다.

베이징에서의 조선 사절을 제외한다면, 조선인들은 예의 바르고 자부심이 강하며 호기심 많았다. 외부에 대해 많이 궁금해했다. 리히트호펜만 그렇게 생각했던 것이 아니다. 니콜라스 데니스, 존 톰슨, 알렉산더 윌리엄슨도 그렇게 보았다. 리히트호펜의 관찰을 빌리자면, 조선인은 교제에 있어 총명하고 활발하며, 탁 트이고 붙임성이 있었다. 중국인과 일본인보다 호기심이 더 많아 보였으며, 새로운 어떤 물건을 보면 그 원리에 대해 '왜'라는 질문을 했고, 서양에 문호를 개방하지 않고 있음에도 유럽 국가들의 이름을 알고 있었다. 외국을 평가하고, 외국의 비밀을 캐고, 그 지식을 배우려 했다. 조선인을 만난 적도 없는 윌리엄 그리피스(William E. Griffis, 1843~1928)가 1882년 『은자의 나라, 한국(Corea, the Hermit Nation)』을 출간하여 만들어 낸 수동적인 이미지와는 너무 다르지 않은가.

| 참고문헌 |

강명관, 2015, 『조선에 온 서양 물건들』, 휴머니스트.
고토 분지로 저, 손일 역, 2010, 『朝鮮 기행록: 100년 만에 만나는 일본인 지질학자의 한반도 남부 답사기』, 푸른길.
권혁수, 2007, 『근대 한중관계사의 재조명』, 혜안.
김기혁 저, 김범 역, 2022, 『동아시아 세계질서의 종막-조선·일본·청, 1860~1882』, 글항아리.
김명호, 2005, 『초기 한미관계의 재조명: 셔먼호 사건에서 신미양요까지』, 역사비평사.
김종학, 2017, 『개화당의 기원과 비밀외교』, 일조각.
金直淵 저, 신익철 역, 2011, 『燕槎日錄』, 의왕향토사료관.
메리 루이스 프랫 저, 김남혁 역, 2015, 『제국의 시선: 여행기와 문화횡단』, 현실문화.
바실 홀 저, 김석중 역, 2003, 『10일 간의 조선 항해기』, 삶과꿈.
박주석, 2021, 『한국사진사』, 문학동네.
손성욱, 2020, 『사신을 따라 청나라에 가다: 조선인들의 북경 체험』, 푸른역사.
신효승, 2021, 『신미양요』, 글누림.
李恒億 저, 이동환 역, 2008, 『국역 연행일기』, 국립중앙도서관.

후마 스스무 저, 신로사 외 역, 2019, 『조선연행사와 조선통신사』, 성균관대학교출판부.

김재완, 2004, 「푸른 눈의 독일 지리학자에 비친 한국과 한국인」, 『문화역사지리』 16-3.

김창수, 2016, 「19세기 후반 대외위기와 조선 사신의 교섭 양상」, 『한국사학보』 65.

김현권, 2011, 「吳慶錫과 청(淸)문사의 회화교류 및 그 성격」, 『강좌 미술사』 37.

박주석, 2008, 「사진과의 첫 만남: 1863년 연행사 이의익 일행의 사진 발굴」, 『AURA(한국사진학회지)』 18.

박태근, 2003, 「중국에서 만난 조선문명과 제삼문명: 러시아문명」, 『국제한국학연구』 창간호.

손성욱, 2016, 「淸代 朝鮮使館으로 본 淸·朝관계」, 『동국사학』 60.

_____, 2017, 「晚淸朝鮮進京使臣的攝影體驗與朝鮮影像」, 『安徽史學』 2017-4.

_____, 2018, 「'外交'의 균열과 모색: 1860~70년대 淸·朝관계」, 『역사학보』 240.

_____, 2019, 「변화된 '皇都'에서 서양과 조선의 접촉 – 1860~70년대 조선 赴京使臣團의 사진을 중심으로」, 『동양사학연구』 148.

손일, 2016, 「1884년 곳체(C. Gottsche)의 조선 기행과 그 지리적 의미」, 『대한지리학회지』 51-6.

신익철, 2014, 「18~19세기 연행사절의 북경 천주당 방문 양상과 의미」, 『敎會史硏究』 44.

연갑수, 1996, 「병인양요와 興宣大院君 政權의 對應」, 『軍史』 33.

이은주, 2000, 「개화기 사진술의 도입과 그 영향: 金鏞元의 활동을 중심으로」, 서강대학교 석사학위논문.

정은주, 2008, 「燕行使節의 西洋畵 인식과 寫眞術 유입 – 北京 天主堂을 중심으로」, 『명청사연구』 30.

한승훈, 2016, 「고립정책과 간섭정책의 이중주 – 조일수호조규에 대한 영국의 인식과 대응」, 『역사비평』 114.

顧鈞, 2009, 『衛三畏與美國早期漢學』, 外語教學與研究出版社.

歐陽哲生, 2018, 『古代北京與西方文明』, 北京大學出版社.

阿夫拉阿米(Авраамий) 神父 輯, 2016, 『歷史上北京的俄國東正教使團』, 大象出版社.

張復合, 2004, 『北京近代建築史』, 清華大學出版社.

陳申 等 編著, 1990, 『中國攝影史 1840–1937』, 攝影家出版社.

蔡鴻生, 2006, 『俄羅斯館紀事(增訂本)』, 中華書局.

黃時鑒, 1998, 『東西交流史論稿』, 上海古籍出版社.

丁晚霞, 2017, 「衛三畏與早期中美外交(1855-1876)」, 四川師範大學 碩士學位論文.

曾紀澤, 1893, 「大英國漢文正使梅君碑銘」, 『曾惠敏公遺集』 文集 卷3, 江南製造總局.

韓淸波, 2008, 「傳教醫生雒魏林在華活動研究」, 浙江大學 碩士學位論文.

武上眞理子, 2015, 「近代中國における地質學の源流 – ラファエル・パンペリーを中心に」, 『現代中國文化の深層構造』, 京都大學人文科學研究所.

Bennett, Terry, 1997, *Korea: Caught in Time*, Reading: Garnet Publishing Ltd.

_____, 2010, *History of Photography in China: Western Photographers 1861–1879*, London: Quaritch.

_____, 2013, *History of Photography in China: Chinese Photographers, 1844–1879,* London: Quaritch.

Bureau of Naval Personnel(United States), 1889, *Flags of Maritime Nations: From the Most Authentic Sources,* Washington, D.C.

Champlin, Peggy, 1994, *Raphael Pumpelly Gentleman Geologist of the Gilded Age,* Tuscaloosa: University of Alabama Press.

Dennys, N. B., 1866, *Note for Tourists in the North of China,* Hongkong: A. Shortrede & Co..

Fratelli Treves ed., 1895, *La China: Viaggi di J. Thompson e T. Choutzé,* Milano: Fratelli Treves.

Hughes, Alan, 1995, *Dr. William Lockhart, 1811–1896, Medical Missionary to China: A Short Biography,* London: School of Oriental and African Studies.

Kennan, George, 1891, *Siberia and the Exile System,* vol.2, New York: The Century Co.

Kovalevsky, Yegor, 1853, *Путешествиев Китай,* Koroleva & Co..

Lockhart, William, 1861, *The Medical Missionary in China: A Narrative of Twenty Years' Experience,* London: Hurst and Blackett.

Marryat, Frank S., 1848, *Borneo and the Indian Archipelago: With Drawings of Costume and Scenery,* London: Longman, Brown, Green, and Longmans.

Mayers, William F., 1874, 『中西聞見錄』 21.

McLeod, John, 1817, *Narrative of a Voyage, in His Majesty's Late Ship Alceste, to the Yellow Sea, along the Coast of Corea and through Its Numerous Hitherto Undiscovered Islands, to the Island of Lewche: With an Account of Her Shipwreck in the Straits of Gaspar,* London:

John Murray.

Morache, George Auguste, 1869, *Pékin et ses Habitants*, Baillière et Fils, rue Hautefeuille, Paris.

Naquin, Susan, 2000, *Peking: Temples and City Life, 1400 – 1900*, Berkeley: University of California Press.

"North China Herald" Office. ed., 1873, *A Retrospect of Political and Commercial Affairs in China During the Five Years 1868 to 1872*, Shanghai: "North China Herald" Office.

Oliphant, Laurence, 1860, *Narrative of the Earl of Elgin's Mission to China and Japan in the Years 1857, '58, '59*, vol.1, Edinburgh and London: William Blackwood and Sons.

Ovenden, Richard, 1997, *John Thomson(1837 – 1921) Photographer*, Edinburgh: National Library of Scotland.

Pumpelly, Raphael, 1866, *Geological Researches in China, Mongolia, and Japan: During the Years 1862 – 1865*, Washington: Smithsonian Institution.

_____, 1870, *Across America and Asia: Notes of a Five Years' Journey around the World and of Residence in Arizona, Japan and China*, New York: Leypoldt & Holt.

Rennie, David Field, 1865, *Peking and the Pekingese: During the First Year of the British Embassy at Peking*, London: John Murray, Albemarle Street.

Thiriez, Régine, 1998, *Barbarian Lens: Western Photographers of the Qianlong Emperor's European Palaces*, Gordon and Breach Publishers.

Thomson, John, 1867, *The Antiquities of Cambodia: A Series of*

Photographs Taken on the Spot, with Letterpress Description, Edinburgh: Edmonston & Douglas.

_____, 1873, *Illustrations of China and Its People: A Series of Two Hundred Photographs, with Letterpress Descriptive of the Places and People Represented*, vol.1, London: Sampson Low, Marston, Low, and Searle.

_____, 1874, *Illustrations of China and Its People: A Series of Two Hundred Photographs, with Letterpress Descriptive of the Places and People Represented*, vol.3, London: Sampson Low, Marston, Low, and Searle.

_____, 1874, *Rations of China and Its People,* vol.4, London: Sampson Low, Marston, Low and Searle.

Tissandier, Gaston, 1874, *Les Merveilles de la Photographie,* Paris: Librairie Hachette et Cie.

Von Richthofen, Ferdinand, 1882, *China: Ergebnisse Eigener Reisen un Darauf Gegründeter Studien*, 2, Berlin: Verlag von Dietrich Reimer.

White, Stephen, 1985, *John Thomson: Life and Photographs*, London: Thames & Hudson.

Williams, Frederick, 1889, *The life and Letters of Samuel Wells Williams, LL.D., Missionary, Diplomatist, Sinologue*, New York and London: G.P. Putnam's Sons, The Knickerbocker Press.

Williams, Samuel W., 1848, *The Middle Kingdom: A Survey of the Geography, Government, Education, Social Life, Arts, Religion, Etc. of the Chinese Empire and Its Inhabitants*, vol.1, New York & London: Wiley and Putnam.

Williamson, Alexander, 1870, *Journeys in North China, Manchuria, and Eastern Mongolia: With Some Account of Corea*, London: Smith, Elder and Co.

Wright, Arnold ed., 1908, *Twentieth Century Impressions of British Malaya: Its History, People, Commerce, Industries, and Resources*, London: Lloyd's Greater Britain Publishing Company, Ltd.

Cordier, Henri, 1901, "N. B. Dennys," *T'oung Pao*, vol.2, no.1.

Lockhart, William, 1866, "Notes on Peking and Its Neighbourhood," *The Journal of the Royal Geographical Society of London*, vol.36.

Meng Ssu-ming, 1960-1961, "The E-lo-ssu kuan(Russian Hostel) in Peking," *Harvard Journal of Asiatic Studies*, vol.23.

Nesterova, Elena, 2000, "The Russian Painter Anton Legašov in China. From the History of the Russian Ecclesiastical Mission in Peking," *Monumenta Serica*, vol.48.

Ridley, Henry Nicholas, 1901, "In Memoriam. Dr. N. B. Dennys," *Journal of the Straits Branch of the Royal Asiatic Society*, no.35.

Willis, Bailey, 1931, "Biographical Memoir of Raphael Pumpelly 1837-1923," *National Academy of Sciences Biographical Memoirs*, vol.16.

Farewell Visit from Corean Commissioner, Peking, March 27, 1874, FO17/672, no.49, UK National Archives.

Memorandum of Interview with Corean Commissioner, Peking, March 6, 1874, FO.17/672, no.25, UK National Archives.

찾아보기

ㄱ

가브리엘 드베리아(Jean-Gabriel Devéria) 119, 127, 198
강화도조약 168
건륭제 18
고구려 150
고토 분지로(小藤文次郎) 113
공친왕 153, 154
광저우(廣州) 17
군기대신 153
그레이트 게임 208
그리고리 카르포프(Grigory P. Karpov) 71~73
김경선(金景善) 45
김동호(金東浩) 103
김직연(金直淵) 77
김홍집 169, 171

ㄴ

나가사키 111
난징조약 30
네르친스크조약 44
『노스 차이나 데일리 뉴스(North China Daily News)』 191
니콜라스 데니스(Nicholas B. Dennys) 9~11

ㄷ

다구커우(大沽口) 119
『더 월드 와이드 매거진(The Wide World Magazine)』 161
도광제 28, 32, 33, 153
동문관(同文館) 99
동인도회사 23, 132
동지사 151
드미트리 세메노비치(Dmitry Semenovich) 51

ㄹ

라파엘 펌펠리(Raphael Pumpelly) 97, 98, 103, 106, 108, 109, 111~115, 118, 119, 222, 223
런던선교회 81, 99, 103, 217, 218
로드 애머스트호(Lord Amherst) 23, 26
로버트 슈펠트(Robert W. Shufeldt) 169
로버트 토마스 218
로버트 하트(Robert Hart) 155
롱자(Étienne A. E. Ronjat) 127
루이 다게르(Louis J. M. Daguerre) 86
류큐 21, 23, 178
『르 투르 뒤 몽드(Le Tour du Monde)』 119, 129
리라(Lyra)호 21~23

ㅁ

마르코 폴로 200
마이클 메이어스(Michael J. Mayers) 198
막스 폰 브란트 223
막심 레온티에프 44
〈만국래조도(萬國來朝圖)〉 15
매튜 페리 175
모리스 쿠랑(Maurice Courant) 130
몽꿋 137

무라가키 노리마사(村垣範正) 108
미일화친조약 109
민영위(閔泳緯) 105
민치상(閔致庠) 157

ㅂ

바실 홀(Basil Hall) 22, 23
발루섹(L. de Balluseck) 78
『베이징과 그 주민들(Pékin et ses habitants)』 129
「베이징과 중국 북부(Pékin et le Nord de la Chine)」 119~121, 127, 129, 131
베이징조약 37, 38, 78, 79, 81, 109, 123
병인양요 218
병자호란 33
『브리티시 저널 오브 포토그라피(British Journal of Photography)』 146
블라디보스토크 194
블랑갈리(Alexander G. Vlangali) 97, 98, 118
비추린(Nikita Y. Bichurin) 58
빌헬름 1세(Wilhelm Friedrich Ludwig von Preußen) 222

ㅅ

사관구(使館區) 99~101

사라토프(Saratov) 70
사마랑(samarang)호 30~32
사무엘 윌리엄스(Samuel W. Williams) 167, 172~175
삼궤구고두례(三跪九叩頭禮) 19, 21, 45
삼절연공사 105, 151, 157, 185, 202
상트페테르부르크 56
서경보(徐畊輔) 45
서태후 153
성절사 151
세폐 151
『수사록』 156
숭후(崇厚) 127
시모노세키전쟁 118
시암 133, 137
신미양요 171
실크로드 113

ㅇ

아라사관(俄羅斯館, 악라사관) 45~48, 50, 51, 62, 68, 76~81, 83, 84, 90, 91, 97, 103
『아메리카와 아시아 횡단(Across America and Asia)』 97, 103, 104, 118
아서 스윈튼(Arthur E. Swinton) 161
아실 드베리아(Achille Devéria) 120
「악라사관기」 48, 49
안톤 레가소프(Anton M. Legashev) 43, 52, 53, 55~59, 61~66
알렉산더 윌리엄슨(Alexander Williamson) 217~226
알렉산드로 1세 56
알렉세이 올레닌(Alexey Olenin) 57~59, 64, 65
알바진전투 44
알세스트(Alceste)호 21~25
앙코르와트 135, 137
애로호사건 34, 73, 74, 81
앨저넌 프리먼-미트포드(Algernon Freeman-Mitford) 102
『연원직지』 48
『연행일기』 83
열하(熱河) 9, 18, 38, 78, 81, 124
엽명침(葉名琛) 34
예고르 코발레프스키(Yegor Kovalevsky) 68, 70
예술아카데미 56, 57, 64, 71
옌타이(煙台) 143, 179, 190, 194, 196~198, 202, 223
오경석 197, 198, 202, 203, 205~210
오일렌부르크 탐사대 222
왕샤조약(望廈條約) 175
윌리엄 그리피스(William E. Griffis)

226
윌리엄 록하트(William Lockhart) 81, 82, 99, 217
윌리엄 마틴(丁韙良, William A. P. Martin) 200, 213
윌리엄 메이어스(William F. Mayers) 190~192, 197
윌리엄 번스(William C. Burns) 103
윌리엄 블레이크(William P. Blake) 109
윌리엄 애머스트(William P. Amherst) 21, 23
윌리엄 캐릭(William Carrick) 92
윌리엄 탤벗(William H. F. Talbot) 86
윤치겸(尹致謙) 45
『은자의 나라, 한국(Corea, the Hermit Nation)』 226
이르쿠츠크 74
이면구 156, 157
이반 치모토프(Ivan Chmutov) 68, 70
이번원(理藩院) 44
이양선 33
이유원(李裕元) 168
이응준 152, 167
이항억(李恒億) 83
이홍장 169
인신무외교(人臣無外交) 203

임칙서 30

ㅈ

재자관 151, 152
정양문(正陽門) 156
정조사 151
제1차 아편전쟁 28~30, 33, 73, 111
제2차 아편전쟁 34, 119, 123, 137, 139, 153, 178, 186
제임스 브리지먼(James G. Bridgman) 175
제임스 홀 23
제임스홀군도(Sir James Hall's Group of Island) 23, 190, 191, 194
조르주 모라쉬(Georges A. Morache) 99, 102, 127, 128
『조선의 서해안과 일본 류큐섬 탐사기』 22
조세프 니에프스(Joseph N. Niepce) 86
조연창(趙然昌) 105
조지 3세 18
조지 매카트니(George Macartney) 17~21
존 더전(John Dudgeon) 99
존 로저스(John Rodgers) 172
존 톰슨(John Thomson) 120, 131~147, 150

주세페 카스틸리오네(Giuseppe Castiglione) 54, 55
『중국과 중국인 사진집(Illustrations of China and Its People)』 120, 143, 146~148, 153, 154, 161
『중국 여행(Путешествие в Китай)』 68, 69
「중국의 기이한 광경(Queer Sights in China)」 161
『중국총론(中國總論, The Middle Kingdom)』 187
『중국(China)』 224
『중서문견록(中西聞見錄)』 200
증국번(曾國藩) 124
증기택(曾紀澤) 210, 212
직예성(直隸省) 129

ㅊ

『차이니즈 레코더 앤 미셔너리 저널(Chinese Recorder and Missionary Journal)』 147
『차이니즈 리포지토리(Chinese Repository)』 175
찰스 카스카트(Charles A. Cathcart) 18
책문후시(柵門後市) 219
천주당 46
『1868~1872년 중국의 정치와 상업에 관한 회고(A Retrospect of Political and Commercial Affairs in China During the Five Years 1868 to 1872)』 191
총리아문 153
추산(Chusan)호 193

ㅋ

카를 귀츨라프(Karl F. A. Gützlaff) 23
칸드라트 코르살린(Kandrat Karsalin) 66, 68
『캄보디아의 고대 유물: 현장 사진 연작과 설명(The Antiquities of Cambodia: A Series of Photographs Taken on the Spot, with Letterpress Description)』 137
캬흐타 59
캬흐타조약 44, 76, 91
콘스탄틴 로도피니킨(Konstantin Rodofinikin) 57
콜로디온(Collodion) 87
클레멘스 14세 61

ㅌ

타운젠드 해리스(Townsend Harris) 108
테오둘 드베리아(Théodule C. Devéria) 127
톈진 34

톈진교안 123
톈진조약 34, 74~78, 123, 186, 198
토마스 월시(Thomas Walsh) 115
토마스 차일드(Thomas Child) 155
토머스 웨이드(Thomas F. Wade) 199
톰슨브라더스(Thomson Brothers) 133

ㅍ

펑황성(鳳凰城) 218
페르디난트 폰 리히트호펜
　(Ferdinand von Richthofen) 113
『페르디난트 폰 리히트호펜 중국
　여행일기(Ferdinand Von Richthofen's
　Tagebücher Aus China)』 224
페리 원정(Perry Expedition) 109
포고제프(P. Pogojeff) 98, 99
프레데릭 아처(Frederick S. Archer)
　87
프레드릭 로(Frederick F. Low) 172

ㅎ

하코다테(箱館) 108
『한국서지(Bibliographie Coréenne)』
　130
함풍제 38
『해국도지(海國圖志)』 203
헨리 셔먼(Henry Shearman) 193
혁회(奕繪) 53
휴 린지(Hugh H. Lindsay) 23

동북아역사재단 교양총서 29

베이징에 온 서양인,
조선과 마주치다

제1판 1쇄 발행일 2022년 12월 20일

지은이 손성욱
발행인 이영호
발행처 동북아역사재단

출판등록 제312-2004-050호(2004년 10월 18일)
주소 서울시 서대문구 통일로 81, NH농협생명빌딩
전화 02-2012-6065
팩스 02-2012-6186
홈페이지 www.nahf.or.kr
제작·인쇄 역사공간
디자인 역사공간

ISBN 978-89-6187-750-3   04910
978-89-6187-406-9   (세트)

- 이 책은 저작권법으로 보호를 받는 저작물이므로 어떤 형태나 어떤 방법으로도 무단전재와 무단복제를 금합니다.
- 책값은 뒤표지에 있습니다. 잘못된 책은 바꾸어 드립니다.